O PODER MÁGICO DAS VELAS

Allen Fox

O PODER MÁGICO DAS VELAS

© Publicado em 2019 pela Editora Isis.

Revisão de textos: Rosemarie Giudilli
Diagramação e capa: Décio Lopes

DADOS DE CATALOGAÇÃO DA PUBLICAÇÃO

Fox, Allen

O Poder Mágico das Velas/Allen Fox | 1ª edição | São Paulo, SP | Editora Isis, 2019.

ISBN: 978-85-8189-053-1

1. Esoterismo 2. Magia 3. Velas I. Título.

Proibida a reprodução total ou parcial desta obra, de qualquer forma ou por qualquer meio seja eletrônico ou mecânico, inclusive por meio de processos xerográficos, incluindo ainda o uso da internet sem a permissão expressa da Editora Isis, na pessoa de seu editor (Lei nº 9.610, de 19.02.1998).

Direitos exclusivos reservados para Editora Isis.

EDITORA ISIS LTDA
www.editoraisis.com.br
contato@editoraisis.com.br

Allen Fox

"És um servidor da luz. Sua missão na terra é espalhar luz, levar alegria e festa. Está aqui para participar da finalização da dualidade, para levar luz ao coração das pessoas".

Rhea Powers.

Sumário

I. As Velas Ontem e Hoje 9
    História e pré-história 9
    As velas nas cerimônias religiosas 11
    Uso mágico das velas 15

II. Faça-você mesmo, a fabricação de velas 17
    Materiais e instrumentos necessários 17
    Conselhos e precauções 26
    Mãos à obra 28
    Conselhos práticos 30
    Fabricação de velas por imersão 31
    As essências ou fragrâncias 32

III. Noções práticas 39
    As cores 39
    A influência da Lua 92
    A influência da Lua / Sígno 94
    Os dias da semana 98
    Consagração 100
    A linguagem das velas 102

8 | O Poder Mágico das Velas

IV. O Essencial 109

    O imenso poder do subconsciente 109

    Princípios básicos 111

    Conselhos práticos 114

V. Rituais e feitiços populares com velas 117

VI. O Silêncio 139

    O mundo mantém-se pelo segredo (El Zohar) 139

VII. Apêndices 141

    Apêndice I – A Távola Esmeralda 143

    Apêndice II – Regras para a magia 145

    Apêndice III – Sobre a magia 149

    Apêndice IV – Considerações gerais sobre a magia 153

I

As Velas Ontem e Hoje

História e pré-história

Na mitologia grega a figura de Prometeu está intimamente ligada à humanidade. Desafiando a Zeus que era o seu deus supremo, Prometeu decidiu-se por roubar o fogo dos deuses para entregá-lo aos homens. Desde esse momento o fogo se converteria num elemento essencial na vida do ser humano, não apenas no sentido material, como ponto de partida para muitos dos avanços que se dariam posteriormente no desenvolvimento da civilização, mas também na ordem espiritual. O fogo foi sempre o símbolo da vida, da energia, da inteligência e da vontade que move o homem.

De fato, o fogo e a luz, representam a essência divina que há no ser humano, isso que o distingue do resto dos animais e o aproxima dos deuses. No nível material, o fogo desde o princípio iluminou a escuridão, afugentou a umidade e o frio e ao mesmo tempo protegeu nossos antepassados dos animais, que prontamente o utilizaram também para tornar mais digeríveis os seus alimentos. Com o tempo, os incêndios acidentais provocados pelos raios, passaram-se às fogueiras, às tochas, aos candelabros, às velas e finalmente à luz elétrica. Não se perdeu, porém, a íntima conexão da chama com o nível espiritual. Como "é acima é abaixo", diz a tábua esmeralda.

A luz da vela representa a essência divina e, de algum modo está em contato com a luz, com o poder universal que nos mantêm vivos e que nos ilumina desde nosso interior. Através da luz de uma humilde vela é possível contatar com esse poder universal. As ferramentas necessárias para poder realizar este contato estão ao alcance de todos e são unicamente dois: a vontade e a fé.

Sem perder tudo isto de vista, nas páginas que se seguem vai ver algumas coisas que se podem fazer com a luz de uma vela. Não estranhes ao encontrar nelas enfoques que possam parecer leves ou inclusive frívolos. As tradições e o folclore, nem sempre são superstições tolas. E da tradição popular e do folclore é de onde procede a maior parte do conteúdo deste livro. Por outro lado, a magia, e por que não? Também pode tornar-se divertida.

As velas nas cerimônias religiosas

A vela é apenas um elo na grande corrente que supõe a tentativa do ser humano para domesticar o fogo. Poderíamos situá-la entre o candelabro e o queimador.

Os candelabros mais antigos dos que temos notícia, datam de 15.000 anos atrás. Inicialmente eram apenas um recipiente côncavo onde se punha um pouco de gordura animal. Em algum momento a gordura misturou-se com a cera das abelhas, aglutinando logo a parte resultante ao redor de um junco seco, a modo de mecha.

Parece que este tipo de vela já era utilizado pelos etruscos, antigos habitantes da península italiana, antes de surgir o império romano. Sabe-se que os romanos já usavam profusamente este tipo de velas, formadas com a mecha de junco que se submergia várias vezes na cera derretida, até que alcançasse a espessura desejada.

Nas celebrações judias, as velas têm ocupado também, desde tempos antigos, um papel muito importante. No Êxodo, (25, 31-40) Jafé dá instruções claras de como devia ser fabricado um candelabro muito especial:

> "Farás um candelabro de ouro puro, lavrado a martelo: seu pé, seu talo, seus cálices, suas maçãs e suas flores serão do mesmo metal. E sairão 6 braços dos seus lados: três braços do candelabro de um lado e três do outro. Três cálices em forma de flor de amendoeira num braço, uma maçã e uma flor; e três cálices em forma de flor de amendoeira noutro braço, uma maçã e uma flor; assim, nos seis braços que saem do candelabro e no seu cálice central; na haste central do candelabro, quatro cálices em forma de flor de amendoeira, suas maçãs e sua flores. Haverá uma maçã em baixo de dois braços, outra maçã em baixo dos outros dois braços, assim, para os seis braços que saem do candelabro. Suas maçãs e seus braços serão de uma só peça, toda ela lavrada com martelo de ouro puro. E farás sete lamparinas, as quais acenderás para que iluminem para diante. Também suas espevitadeiras e seus pires serão de ouro puro."

Como vimos as meticulosas instruções plasmadas no Êxodo, referem-se à famosa *menorá*, candelabro de sete braços, um central e três de cada lado, que se utiliza nos rituais judeus. Parece que tudo indica, porém, que naquela época, o referido candelabro era destinado a suportar sete lamparinas de azeite, em lugar de sete velas, como ocorre na atualidade.

Em muitos dos territórios pagãos conquistados pelo império romano, a utilização religiosa ou mágica de lamparinas e velas era muito comum. Ao serem evangelizados, os referidos territórios e seus habitantes convertidos em fiéis cristãos, tiveram muitos dos seus costumes integrando-se de um ou de outro modo à liturgia da nova religião. A igreja, a princípio, foi muito reacionária a adotar velas nos rituais cristãos.

Vozes poderosas alçaram-se contra tais "costumes pagãos" e contra os efeitos "corruptores" que se pensava, teriam sobre o culto. Tertuliano (séc. III), com força se opôs ao uso das velas no culto cristão e Lanctâncio (séc. IV) pro-clamou a loucura da veneração pagã, com respeito às luzes: *"a Ele acenderam-se luzes, como se Ele estivesse na escuridão, se contemplassem essa luz celestial a que chamamos sol, logo perceberiam que Deus não tem necessidade de suas velas."*

Todos estes protestos, porém, resultaram inúteis contra os costumes arraigados desde muito antes, nas pessoas e que começaram a penetrar na igreja, ao converterem-se ao cristianismo, os povos pagãos. Assim, a partir do séc. IV, o costume de utilizar velas, não só se estabeleceu firmemente, como chegou a ser tido como uma característica própria da maioria dos rituais cristãos.

As velas passaram a ser utilizadas em todas as cerimônias de culto, mais especialmente nas ocasiões importantes, chegando a ocupar uma posição central nas procissões, nos batismos, nos matrimônios e nos funerais. Adquiriram definitivamente um papel predominante no altar; colocaram-se diante das imagens  e nos nichos dos santos; passaram a ser utilizadas como oferendas votivas a Deus e aos santos, ou junto com orações e invocações para a recuperação da saúde e nas petições de muitos outros favores. De fato, poucas são as cerimônias em que não são utilizadas.

No mundo católico celebram-se algumas festas em que as velas assumem um grande papel. No campo, levavam-se algumas velas para serem abençoadas durante a cerimônia da Candelária e depois, após a bênção, levavam-se para casa e eram acesas no momento oportuno: contra raios, granizo e enfermidade dos animais. Também se costumavam acender velas bentas quando se velavam os mortos ou se assistiam aos moribundos. Para ajudá-los, inclusive, era costume deixar caírem algumas gotas de cera líquida sobre seu corpo. Também, durante os partos difíceis, acendiam-se velas benzidas. E ainda é tradição em muitos países, acender um círio no momento do batismo, para iluminar o caminho do recém-nascido até Cristo; no geral, leva o círio, o padrinho que deverá ser a imagem de referência e o exemplo para a vida cristã do batizado.

Em muitos lugares ainda é costume preparar-se uma câmara ardente para realizar uma última homenagem ao morto. A própria denominação de capela ardente já nos indica que se trata de um lugar iluminado pela chama de muitas velas, simbolizando de algum modo, a luz da alma, que liberada da prisão terrena do corpo, eleva-se a Deus.

Antigamente, as velas de grandes dimensões que se situavam ao redor da cama sobre a qual se acomodava o defunto, ardiam durante todo o tempo em que este era velado. Notável também é a tradição do círio pascal. Na quaresma, apagam-se todas as luzes e as velas presentes nas igrejas e se acende um novo fogo, símbolo do Cristo que renasce. Desta chama tomará vida o círio pascal e daqui todas as demais velas que iluminarão a igreja. E o que seriam sem velas, nem círios as procissões da semana santa que se celebram em todo mundo católico?

Uso mágico das velas

À margem da sua ampla utilização nas cerimônias religiosas, as velas tiveram sempre um uso chave em todas as tradições ocultistas e mágicas. Desde o descobrimento do fogo, a chama foi considerada como algo mágico. O homem da antiguidade utilizava o fogo em seus ritos sagrados. Nos rituais das Escolas dos Mistérios da antiguidade, na tradição druídica, nas lojas maçônicas e rosacruzes e em todas as escolas esotéricas ocidentais, as velas ocupam um lugar primordial. Em nossos dias, a chama de uma vela continua sendo o melhor e mais simples ponto de concentração para a assombrosa força da mente. A finalidade deste livro é ensinar-lhe o uso mágico das velas com um mínimo de teoria e com a maior simplicidade possível. Se continuar os singelos passos que lhe indico nas páginas a seguir, aprenderá a trabalhar com êxito, sabendo o que está fazendo e porque está a fazê-lo.

II

Faça-você mesmo, a fabricação de velas

As antigas escolas de ocultismo insistiam em que o mago deveria tratar e fabricar ele mesmo todos os implementos que fosse utilizar e não lhes faltava razão. O tempo e o esforço que dedicamos a algo é o que realmente lhe confere valor. Os cuidados empenhados pelo principezinho a sua flor e o tempo passado com ela, foi o que aos seus olhos lhe fazia valer tanto. Ainda que este livro não seja dirigido a praticantes avançados de magia e outras mais, encontram-se no comércio hoje em dia, velas de todo tipo e para todas as necessidades, a preços muito acessíveis e caso se anime a fabricar as suas próprias velas, dou-lhe a seguir a informação necessária. Dispondo de tempo, fabricar velas pode dar resultados divertidos.

Materiais e instrumentos necessários

Qualquer vela compõe-se basicamente de um pavio ou mecha e de cera. A cera pode ser cera pura de abelhas, o que é muito raro na atualidade, ou mais comum, de parafina com estearina, ou uma mistura de ambas. A vela pode igualmente estar adornada e enriquecida com perfumes, essências e inclusive com folhas, flores e substâncias diversas.

Os materiais que irá necessitar são os seguintes:

A mecha

É um cordãozinho mais ou menos grosso de algodão branco trançado. Pode comprar-se tanto por metro como em bobinas, já confeccionadas nas casas que vendem cera e nas lojas onde se venda material de bricolagem. É importante que se preste muita atenção à medida da mecha, já que desta dependerá que a vela lhe saia bem ou mal.

A mecha deve ser proporcional ao diâmetro da vela, pois se for demasiado grossa, a vela se queimará muito rapidamente e a chama fará muita fumaça; em troca, se é demasiadamente pequena, a chama se apagará.

Para as velas em forma de cone, deverá utilizar uma mecha de espessura igual à metade da base da vela.

As mechas podem dividir-se basicamente em 3 categorias: finas (para velas delgadas) de parafina ou outro material; medianas (para velas de diâmetro pequeno ou médio); fabricadas com estearina ou com uma mescla de parafina e estearina e grossas (para velas com diâmetro bem mais grosso) preparadas com cera de abelhas ou outras. Para velas de grandes dimensões, é preciso que se ponha mais mecha, ou melhor, se a forma da vela o permitir, pode trançar-se entre si duas ou três mechas, para que sejam mais resistentes.

Se você mesmo quiser fazer a mecha, tome um pouco de fio de algodão de bordar, procurando que seja algodão puro e que não contenha fibras sintéticas e modele-o conforme o diâmetro necessário, de acordo com a vela que vai fabricar. Forme uma trança com três fios de algodão e aninhe estes fios numa vareta metálica, por exemplo, uma agulha para fazer meia, de modo que fiquem bem tensos. Faça um nó no princípio e outro no final da trança, que você cortará depois de ter encerado a mecha. Para encerar a mecha, submirja o algodão em cera líquida e espere para que seque, ou melhor, acenda uma vela e faça cair a cera liquefeita ao longo de toda a mecha.

O comprimento da mecha deve superar pelo menos em 5 cm, o comprimento da vela. Convém prestar atenção para que a mecha sobressaia do molde: a mecha longa sempre pode cortar-se a um centímetro do início da vela, enquanto que a curta estropiará todo o trabalho.

Uma característica muito desagradável das mechas compradas, é que quando se pagam, desprende muita fumaça e mau olor. Este inconveniente pode resolver-se, pondo-se a mecha num banho preparado com uma solução de água destilada e ácido bórico a 2%. Se as velas são particularmente grossas ou tem uma forma complicada, é conveniente que sejam reforçadas com um finíssimo fio de cobre. Na base da mecha e da vela é necessário fixarem-se rodelinhas – pequenos discos metálicos de um tamanho adequado que sirvam de suporte. É conveniente encerar as mechas antes de começar a fazer as velas.

A parafina

A parafina é um hidrocarbureto derivado do petróleo, componente principal da vela e combustível que ao findar-se a mantém acesa. É aconselhável utilizar parafina adquirida no comércio especializado, que vem em blocos de cor branca, com certa transparência. Quanto maior for a transparência, melhor será a qualidade. Vende-se por peso e é muito econômica.

Alguns comerciantes vendem-na em pó, em bolsinhas de plástico de um quilo. É possível também encontrá-las nas farmácias em forma de barras, mas são mais caras e vendem-se para serem usadas em alimentos.

Outras variedades são as parafinas em gel e a parafina líquida. A primeira é uma mescla de parafina com outros elementos que lhe conferem uma aparência cristalina. Sua duração é superior à parafina comum, mas as velas realizadas com a parafina em gel não podem ser desenformadas, sempre são realizadas em recipientes de vidro. Por sua vez, a parafina líquida utiliza-se para fazer lâmpadas de azeite, nunca perde sua consistência líquida, pelo que somente serve para este propósito.

Conforme seu grau de purificação, a parafina funde-se entre os 45° e os 63°.

Ferve a uma temperatura muito alta e antes de ferver, emana uma fumaça branca que rapidamente se converte numa chama muito brilhante. A parafina confere uma alta

qualidade à luz das velas, mas quando se confeccionam velas em casa, é conveniente misturá-la com estearina para evitar que, ao fundir-se, goteje em demasia. A maior parte das velas realiza-se com estearina numa proporção de 1 a 10.

A estearina

É uma mistura de ácidos graxos, de origem animal e vegetal, que até há pouco tempo se fabricava com sebo: apresenta-se sob a forma de fios de uma cor branca nacarada, solidificados em massas cerosas e vendem-se sob forma de blocos, barras ou bolas de um quilo.

A cera de abelha

Sem dúvida, é este, o material muito mais apreciado para elaborar velas. É a substância que utilizam as abelhas para construir suas colméias. Separada do mel, comercializa-se em pães ou lâminas. Apresenta-se sob a forma de um material amarelo e brando, mas existe também um tipo esbranquiçado. Não é solúvel na água, senão no azeite e queima-se sem odor e sem produzir fumaça.

Funde-se entre os 61 os 65°. É cara e tem duas características importantes: queima-se durante longo tempo e é muito elástica e branda.

Existem à venda nas lojas especializadas, misturas diversas já preparadas para elaborar velas, nas quais se encontram em proporções exatas: parafina, estearina e cera. Estes materiais produzem uma notável luminosidade, pouca fumaça e são duradouros. Fundem-se em torno dos 80°. A quantidade a ser empregada, deve ser uma vez e meia a capacidade da forma. Para obter uma luz mais clara, é necessário quarar a mistura num molde previamente submerso, em água quente, isto é, em banho-maria.

Os corantes

Para tingir as velas, basta acrescentar a cor para a cera, na mistura fundida, o que aconselho que compre em lojas que trabalham com materiais para velas, ainda que também se possa adquirir em lojas de pintura ou drogarias. A coloração da cera muda quando se esfria, portanto, antes de começar, convém fazer uma prova, despejando uma pequena quantidade de cera colorida num pratinho e esperando que esfrie.

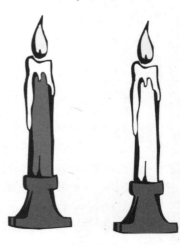

Se ficar muito intensa, basta fundi-la novamente e acrescentar cera branca; se resultar demasiado tênue, uma vez diluída pode-se acrescentar-lhe um pouco de corante. Os corantes em pasta dissolvem-se mais facilmente, se antes de acrescentar-se a parafina, forem misturados com estearina. Costuma ser muito concentrados, pelo que basta uma pequena quantidade. Corantes em pó diluem-se em estearina quente, para evitar manchas de cores mais escuras na vela, quando está terminada. São muito concentrados e com aponta de uma colherinha de café, pode-se colorir mais de um quilo de cera. Estas cores dispersam-se com facilidade no ambiente e convém prestar muita atenção, quando são manejadas, porque poderiam manchar a roupa e os objetos de um modo indelével.

Além dos corantes específicos para velas, podem ser utilizados corantes universais, cores para pintura a óleo e outros. Os corantes universais estão disponíveis em pequenos tubos de plástico e tem forma fluida. São concentrados de fato, para colorir uma vela, a miúdo, basta uma só gota; misturam-se muito bem com a cera, mas produzem cores opacas e oferecem uma gama de tonalidades limitada.

Os corantes em pó permitem obter um efeito granuloso, opaco e esfumado. São as cores utilizadas para pintura à água, o gesso moído, os pasteis à cera e a óleo. Oferecem uma ampla gama de tonalidades. O único inconveniente é que, com frequência, a cor deposita-se no fundo.

As essências

Empregam-se para perfumar as velas. Acrescentam-se algumas gotas na cera líquida ou impregna-se a mecha. Muitas vezes essas essências influem na cor da cera, modificando-a. Nas casas especializadas em ceras, vendem-se essências específicas para perfumar as velas, que se acrescentam em cera diluída, em doses variáveis entre 3 e uns 5%. Misturam-se com um palito e amalgama-se a essência com a mistura da cera. Além dos perfumes específicos podem acrescentar-se essências naturais de plantas que se vendem nas perfumarias, nas casas de ervas e em algumas drogarias. Deve, não obstante, assegurar-se de que se trata de essências naturais e não de perfumes à base de álcool, que poderiam resultar inflamáveis ou de água perfumada que poderia comprometer a capacidade de combustão da vela.

Os casulos

Os casulos são utilizados para evitar que a vela, na sua parte final, se apague antes de consumir toda a parafina, já que mantém a mecha em seu lugar, ainda que a parafina esteja totalmente derretida, além de conferirem um acabamento mais profissional.

Formas

Há uma infinidade de formatos e de diferentes materiais: zinco, aço inoxidável, diferentes plásticos, acrílico e outros mais que podem realizar ou suportar formas de silício, borracha ou silicone. O ideal é utilizar sempre uma forma que seja específica para velas, já que nem tudo que encontramos em mão, venha a dar logo o resultado esperado. Alguns materiais não suportam o calor e outros não nos permitirão retirar a as formas sem rompimento.

Os desmoldantes

Há de utilizarem-se azeites especiais para velas. Os outros azeites provocam manchas e enfeiam o acabamento das velas e em alguns casos transmitem-lhes o seu aroma que não costuma ser apropriado. Também podem ser usados silicones em aerossol, pois dão excelentes resultados, ainda que a vela realizada numa forma em que se aplicou o silicone, não poderá ser novamente banhada em parafina.

Termômetro

Um termômetro é imprescindível e não serve qualquer termômetro caseiro. Deverá adquirir um para esta finalidade, na casa onde compra os demais utensílios e deverá chegar pelo menos a uns 150° centígrados.

Conselhos e precauções

Dissolva sempre a parafina e a estearina em banho-maria, se ultrapassar 140° poderá incendiar-se espontaneamente. Utilize o termômetro.

Se for usar a estearina é bom colocá-la em baixo, já que necessita de maior calor para começar a fundir-se. Ao estarem, ambas totalmente fundidas, revolva-as com uma colher de madeira, sem agitar em demasia, a fim de que se integrem perfeitamente.

Respeite as instruções dos aditivos. Terá a segurança da sua integridade e dissolução total quando a mistura tiver novamente cor translúcida.

Para calcular a quantidade de parafina total, encha o molde com água e despeje-a numa jarra medidora. Para cada 100 cm de água, necessitam-se 90 gramas de parafina sólida, ainda que seja aconselhável começar com um pouco mais.

Coloque o desmoldante nas formas a serem utilizadas, levando em consideração que não deve ser excessiva a quantidade, já que produz marcas esbranquiçadas na vela ou pequenas bolsas que enfeiam sua aparência final. O correto é poder sentir pelo tato, a forma oleada, sem que se perceba com a vista.

Acrescente a essência aromática, se quiser usá-la, depois de ter a parafina e a estearina diluídas, coloridas e em temperatura adequada. Se tiver de voltar a aquecer a mistura, deve agregar um pouco mais do aroma, pois ele se perde com o calor.

Para manter a temperatura, enquanto está trabalhando, deixe o recipiente que contém a parafina em banho-maria, mas afastado do fogo.

Lembre-se sempre de que necessita muito pouca quantidade de corante.

Para saber como ficará a cor, pode despejar uma colherada num prato branco e esperar que solidifique totalmente.

Para velas de acabamento normal, a parafina deve estar a 75°.

Por último, deverá seguir sempre as instruções do fabricante ou provedor. Ele conhece a fundo as particularidades do produto.

Mãos à obra

Para realizar algumas velas coloridas e aromatizadas, como qualquer das que se adquire nas lojas, é necessário que você tenha às mãos:

- Termômetro que chegue até pelo menos 150° centígrados.
- Formas para velas com um diâmetro maior do que 6 cm. (para que sua primeira fabricação de velas lhe resulte mais fácil.). Se as formas forem transparentes melhor. Há muitas em bom preço.
- Desmoldante.
- Parafina para velas.
- Corante para velas.
- Fragrância para velas.
- Varetas guia para a mecha e apoio para as varetas.
- Suporte.
- Mechas. (Em caso de dúvida a loja lhe dirá qual é a adequada para o molde que venha a usar)
- Casulos.
- Estearina, se os moldes têm menos de 5 cm de diâmetro.

Passos a seguir

1. Encha a forma com água e nivele, assim poderá calcular a quantidade de parafina necessária que deverá ser 90% do conteúdo da forma.

2. Prepare os recipientes para fazer o banho-maria, isto é, um menor do que o outro, o pequeno não deve apoiar-se sobre o fundo do outro. Há recipientes especiais para isso, mas você pode adaptar dos que já possui.

3. Ponha a água para esquentar, enquanto troca a parafina que vai ser utilizada.

4. Coloque uma pequena quantidade de parafina com o corante num recipiente pequeno. Use a quantidade recomendada pelo fabricante.

5. Quando corante e parafina estiverem unificados, incorpore o restante da parafina.

6. Enquanto a parafina se dissolve, vá untando a forma com o desmoldante. O ideal é passá-lo com papel absorvente de cozinha ou lencinho de papel.

7. Unte com bastante desmoldante a vareta guia para mecha e centralize-a na forma com a ajuda do suporte.

8. Se for fazer uma vela perfumada, quando a parafina estiver totalmente diluída e estiver aos 75°, retire-a do fogo e acrescente-lhe a fragrância, que aproximadamente deverá ser de uns 5% da quantidade da parafina. Misture bem sem agitar ou provocar borbulhas.

9. Agora, com muito cuidado e tratando de não fazer bolhas, despeje a parafina na forma. Quando tiver alcançado o nível desejado, dê algumas batidinhas secas na forma para que saia as bolhas que possa haver produzido.

10. Deixe repousar até que se solidifique.

11. Ao redor da vareta produziu-se um vazio que você deverá preencher.

12. Esquente até 75° ou 80°, a parafina que lhe restou.

13. Despeje a parafina no vazio, sem ultrapassar o nível que já mantinha.

14. De acordo com o formato e o tamanho da forma, pode ser necessário repetir esse procedimento até nivelar a vela.

15. Deixe esfriar totalmente.

16. Retire o apoio da vareta e desenforme, girando o molde e dando alguns golpezinhos no fundo.

17. Coloque um casulo na mecha e pressione-o.

18. Passe a mecha pelo agulheiro da vareta.
19. Para deixar submetido o casulo, esquente sobre uma chama, uma colher velha e aplique-a por um instante sobre o casulo, com a vela apoiada sobre numa superfície horizontal.

Conselhos práticos

- Se a forma tem menos de 6 cm de diâmetro é aconselhável usar estearina.
- A parafina pode incendiar-se, não se esqueça do banho-maria.
- A forma deve estar oleada ao tato, mas não parecer molhada.
- O oco que fica ao fazer a vela, é porque a parafina ocupa mais espaço no estado líquido do que no sólido.
- Não encha as formas até a borda, pois dificulta ao desenformar.
- Não ultrapasse o primeiro nível de cheio ao preencher o oco, pois ficará a marca.

Fabricação de velas por imersão

Este procedimento é muito mais rudimentar e mais simples ainda, que também, mais repetitivo e longo. Para fabricar velas por imersão, deverá aquece a mistura em banho-maria e mexer com uma colher de madeira. Acrescente o corante e as essências, se quer utilizá-los. A cera não deve estar nem demasiado liquida, nem demasiado espessa. Com a prática você mesma verá qual é o grau de espessura necessário. Submirja logo durante um momento a mecha na cera fundida, segurando-a por um extremo com os dedos, depois a retire e espere, para que a cera que aderiu a mecha esfrie por completo. Repita a operação e notará que a vela começa a espessar-se. Prossiga até que a vela alcance a grossura que deseja obter. Podem ser necessárias entre 30 a 40 imersões.

Quando alcançar a dimensão justa, deixe esfriar completamente a vela, e procure não deixá-la inclinar de lado, já que ao ficar morna, poderia deformar-se ou aplanar-se. Finalmente corte a mecha deixando um centímetro de comprimento. Pode utilizar-se uma mecha de uns 25 cm ou, se fizer duas velas de cada vez, uma de 50 cm que se dobrará em dois pedaços. A mecha deve, não obstante, ser sempre três ou quatro cm. mais longa do que a vela. No primeiro caso, para secar a vela, pode prender a mecha com uma pinça para colagem; no segundo caso, bastará atá-la a um gancho. É muito importante, que entre uma imersão e a outra, a vela esteja completamente fria e ás vezes, é necessário um tempo e espera bem mais extenso. Seguramente, este foi o procedimento que se utilizou há mil anos para a fabricação das primeiras velas.

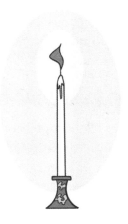

As essências ou fragrâncias

Se decidir aromatizar as velas que utilizará em seu trabalho, é bom que saiba que cada essência tem várias propriedades e que podem ser utilizadas para diferentes usos mágicos.

Assim, a essência de cedro, por exemplo, pode ser usada para limpar e purificar o ambiente de negatividade, para atrair prosperidade ou para eliminar bloqueios físicos. Várias essências distintas podem ser usadas para um mesmo propósito. Por exemplo, se deseja realizar um ritual de proteção, pode usar entre outras a essência de alfazema (lavanda), de alecrim ou de canela. É importante que se conheçam as propriedades de cada essência, no momento de escolher alguma para um determinado fim.

A seguinte lista indica as principais propriedades de algumas das essências mais usadas.

Essência de açucena

Outorga a paz. Acalma a dor produzida pelas rupturas sentimentais. Favorece-nos a conquista da maturidade, permitindo-nos que a nossa mente se abra para conseguir os projetos que iniciamos.

Essência de alecrim

Para proteção. Limpeza de pessoas e casas. Para potencializar as propriedades mágicas. Fortalece a segurança em si mesmo. Contra o ódio e o temor. Para conseguir uma relação amorosa. Clareia a mente. Aumenta a memória (excelente para exames e estudos).

Essência de alfazema (lavanda)

Tranquilizante. Repele a depressão. Afasta a tensão e a ansiedade. A calma a violência emocional e fortalece a razão. Tonifica o sistema nervoso. Favorece o amor espiritual. Outorga paz e felicidade. Para conciliar o sono. Proteção. Purificação. Para ter clareza de idéias. Eleva o espírito. Para ter clareza nas visualizações. Harmoniza a energia espiritual e produz equilíbrio.

Essência de âmbar

Prosperidade. Melhora as situações em geral. Muda as energias negativas para positivas. É adequada para conseguir serenidade. Potencializa a atração da pessoa que desejamos e assegura sua fidelidade. Elimina obstáculos, atritos, ressentimentos e rancores das pessoas com as quais convivemos.

Essência de avelã

Para conseguir o equilíbrio interior. Harmoniza o interior e o exterior da pessoa, equilibrando as forças complementares do Ying e do Yang.

Essência de arruda

Proteção extraordinária. Proteção nos rituais mágicos. Absorve as energias negativas. Rompe os feitiços. Para se defender contra o mau olhado, os feitiços e a magia negra. Aumenta o controle mental.

Essência de benjoim

Purificação. Prosperidade. Paz. Favorece a prosperidade material e comercial. Estimula a criatividade empresarial. Desenvolve as qualidades intelectuais. Aumenta compreensão. Desenvolve a intuição. Ajuda a estabilidade emocional. Boa para defender-se de bruxaria e de feitiços.

Essência de canela

Afrodisíaca. Proteção para curar. Outorga energia ao corpo. Dá segurança. Aumenta a capacidade para penetrar em nossa consciência psíquica. Para melhorar nossa economia.

Essência de cedro

Limpa e purifica o ambiente de negativismo. Fomenta a espiritualidade. Devolve o equilíbrio. Favorece o controle sobre a própria vida. Atraia a prosperidade. Boa para os negócios. Elimina os bloqueios físicos.

Essência de esteva

Evita a solidão. Muito benéfica para conseguir a integração em grupos sociais. Restabelece a conexão entre o corpo e a alma, despertando o verdadeiro ser interior.

Essência de eucalipto

Proteção. Purificação de ambientes onde tenha havido discussões e lutas físicas. Fomenta a saúde. Acelera os processos de cura. Para alcançar o êxito e a prosperidade.

Essência de flor de laranjeira, de limoeiro

Afrodisíaca. Amor. Alegria. Sorte e dinheiro. Provoca sonhos que liberam as tensões emocionais do inconsciente. Muito útil para a meditação.

Essência de incenso

Purificação. Proteção. Limpa o ambiente de energias negativas. Promove e acelera estados de meditação. Contata-nos com as vibrações elevadas. Outorga-nos energia pessoal. Muito adequada para rituais de adoração e elevação.

Essência de jasmim

Afrodisíaca. Atrai a boa sorte no amor. Atrai a abundância. Alivia a depressão. Acalma os nervos. Relaxa o corpo. Elimina as preocupações a respeito do futuro. Potencializa negócios. Purifica pessoas e ambientes.

Essência de laranja

Purificação. Atrai o amor. Atrai a sorte. Atrai o dinheiro. Outorga energia física. Boa para adivinhação. Essência de lilás. Aumenta o amor. Purifica pessoas e ambientes. Ajuda a ser mais flexível consigo mesmo e com os demais. Ajuda a que tornemos mais tolerantes.

Essência de limão

Purificação. Alivia o estresse e acalma os nervos. Atrai alegria. Estimulante geral. Para conservar a saúde. Favorece as energias positivas.

Essência de mirra

Proteção. Meditação. Limpeza de pessoas e lugares. Potência dos rituais. Contra o mal olhado, os feitiços e a bruxaria. Afasta energias negativas e maus espíritos.

Essência de melissa

Contra a insônia. Contra o estresse. Devolve o equilíbrio emotivo.

Essência de menta

Limpeza ritual. Revitaliza o corpo e a mente. Contra o esgotamento. Acelera a cura do corpo. Reconforta no momento da perda de um ser querido. Restitui a concentração e a memória.

Essência de orégano

Aumenta a clareza do subconsciente. Ajuda a relaxar tensões e preocupações espirituais.

Essência de pinheiro

Realiza exorcismo. Potencializa negócios. Purifica pessoas e ambientes.

Essência de rosa

Afrodisíaca. Amor. Alivia os problemas sexuais das mulheres. Resolve os casos de impotência psicológica dos homens. Inspira sentimentos de paz e felicidade. Ajuda-nos a sentir-nos bem em nosso corpo, eliminando as dúvidas sobre nosso aspecto e a atração. Para acalmar as disputas domésticas.

Essência de tomilho

Estimulante geral. Dá força e valor. Para conservar a saúde. Ajuda na depressão. Induz sonhos agradáveis. Evita pesadelos. Essência de vanilina (baunilha). Afrodisíaca. Revitaliza o corpo. Ativa os sentidos.

III

Noções práticas

As cores

De todos os sentidos do ser humano, a vista é o mais ampliado e quase 83% de todas as impressões sensitivas chegam-nos pela vista. Comparado ao ouvido, corresponde-lhe apenas a 11% e ao olfato ainda menos, tão somente 3,5%. Não é de estranhar, pois, que a luz e o calor tenham tanta influência sobre nosso estado de ânimo e nosso bem-estar.

Não obstante, nosso estado de ânimo e nosso caráter, influenciam também a interpretação das nossas percepções visuais e das cores. Desde há mil anos, os ocultistas revelaram o significado profundo de cada uma das cores e a elas conferiram valores próprios.

O vermelho, laranja, amarelo, verde, azul, marrom, dourado, violeta, são cores que em si mesmas tem atribuições, qualidades e efeitos que as tornam distintas qualitativamente, que independem da sua clara diferença em termos visuais. A cromoterapia é um dos métodos terapêuticos mais antigos, baseada no princípio da força curativa da luz solar e das cores que a compõem. Importantes culturas já desaparecidas utilizaram a cromoterapia para aliviar os transtornos mais diversos.

Durante milhares de anos o sol representou a divindade e por isto seus raios tinham forças curativas sobrenaturais. Os incas, os maias e os egípcios professavam um autêntico culto ao sol, com templos construídos especificamente para este fim. Com o passar dos séculos, conclui-se que cada uma das cores trazia uma ação específica e por esta causa eram-lhes atribuídos diferentes deuses. No Egito, por exemplo, o vermelho estava relacionado com Amon; o amarelo, com Hórus; o verde, com Osíris; o azul com Anubis. Na antiga Grécia, associava-se o amarelo com Apolo, o verde com Afrodite e o azul com Zéus. Os sacerdotes daqueles tempos eram também curandeiros e assim, a salvação e a saúde estavam nas mesmas mãos.

Os egípcios construíam templos com sete salas, de acordo com as sete cores do arco-íris. Conforme a cor que necessitasse o enfermo, faziam-no entrar numa das salas para tomar um banho de cor curativa. A rainha Nefertiti que viveu ao redor de 1350 a.C., mandava o médico da corte preparar azeites de banho de diferentes cores, para aumentar seu bem-estar e sua beleza. Os banhos estimulantes tinham cor púrpura, os relaxantes eram da cor verde ou azul, conforme narrativas desta época.

No que se refere ao trabalho e aos rituais mágicos com velas, a cor é um dos fatores mais importantes, tanto por suas quali-dades intrínsecas, como pelas correspondências das distintas cores com todo o universo da magia. Entre as primeiras coisas de que o principiante do oculto deve levar em conta, está o vasto leque das correspondências, quer dizer, o modo como coisas de diversa índole estão ligadas. As correspondências constituem o abc do ocultismo e qualquer estudante sério deveria começar por ter, delas, uma idéia bastante clara. Quer dizer, cada cor está vinculada com um planeta; com um tipo de temperamento; com um estado de ânimo; com um signo do Zodíaco; com um espírito, gênio ou inteligência incorpórea; com um dos Quatro

Elementos da sabedoria antiga, com uma ou uma série de plantas, de minerais e inclusive de animais e assim, quase até o infinito. Este livro não pretende ser um tratado exaustivo de magia, senão um manual simples e prático de velas, pelo que não entraremos no detalhe da longa e impressionante lista das correspondências mágicas. O estudante interessado encontrará, sem dúvida, onde aprofundar-se neste tema. Aqui vamos preocupar-nos
com a cor, unicamente no que diz respeito ao trabalho com as velas. Do mesmo modo que o som, a cor é vibração e as distintas cores possuem longitude de ondas distintas. O olho é capaz de ver – e nossa mente inconsciente de reconhecer – mudanças muito sutis, identificando assim, tonalidades distintas dentro de cada cor básica. As cores colocam-nos "em sintonia" com as fontes ou poderes afins e por isso é conveniente utilizar a cor correta em cada trabalho ou ritual. A seguinte descrição é um sucinto apanhado das qualidades atribuídas a cada uma das cores mais usadas e sua aplicação à magia com as velas:

Vermelho

O vermelho é a cor do planeta Marte e primordialmente do sangue, que rege o referido planeta. Marte é o deus da guerra, na que se derrama muito sangue. Portanto o vermelho representa a energia e a vida física.

Esta cor era utilizada a miúdo porque representava o nascimento a geração e a criação. É a cor usada em cerimônias ou rituais relacionados com a força, a criatividade, o amor físico, já que tradicionalmente foi considerada como a cor do coração. Representa a saúde e a força física e é muito utilizada para fomentar o valor na pessoa que vai enfrentar algum perigo, sendo inclusive uma cor protetora das energias físicas e psíquicas. É também muito usada para ativar e regenerar qualquer coisa que estivesse estancada ou que parecesse morta, como consequência também se associa ao triunfo. É a energia guerreira de que necessitamos em nossa vida para afrontar os grandes desafios.

Os aspectos positivos do vermelho são: o calor, a saúde, a força, a sexualidade, a coragem, o vigor, o amor (físico e divino), a exuberância, a força criativa, o dinamismo, o estímulo, o entusiasmo, o nascimento, a geração e o triunfo. Seus aspectos negativos são: ódio, desejo lascivo, cólera, paixão descontrolada, ataque, força, anarquia, rebelião, perigo, motins, guerra, sangue e seu derramamento, violência, crueldade e vingança.

Rosa

É a cor do amor, também do planeta Vênus e do seu signo Libra que rege os aspectos sociais da vida, o matrimônio e todo tipo de companhia. Esta cor é emblemática das virtudes idealizadas do romance, da suavidade e do afeto. O rosa é um vermelho mesclado com branco, o que o torna menos destrutivo e impetuoso, menos centrado em si mesmo e menos estimulante, mas continua sendo alegre e apaixonado. Para muitos, o rosa é uma vibração superior do vermelho e representa a beleza, a esperança, o amor e a moralidade. O vermelho transformou-se numa forma mais perfeita, pela positiva combinação com o branco.

Neste caso, as velas de cor rosa apelam ao amor mais sincero, ao romantismo, às qualidades divinas como a doçura, a serenidade e o carinho. É a cor da compaixão e do amor divino. Ativa-nos os sentimentos e ajuda-nos a serem pessoas melhores. Para outros, o rosa é um vermelho que perdeu força e que, por alguma estranha circunstância, é capaz de absorver energia do ambiente, sendo assim uma cor debilitante, pelo que, certos especialistas em Feng Shui, desaconselham a pintar as habitações de cor rosa, especialmente se nelas, hão de morar pessoas enfermas ou débeis. No tocante às velas, considera-se o rosa apropriado para tudo o que tenha a ver com o amor em todas as suas facetas, com a suavidade, a doçura e a compreensão.

Amarelo

É a cor do intelecto por natureza. Uma vela amarela será utilizada para trazer claridade de pensamento, despertar o poder da mente ou as qualidades que ela pode oferecer-nos. É também utilizada para levar alegria a alguém ou algo, já que ao ser interpretada como a cor do sol, com ela se busca a vitalidade e vontade de viver. Será, pois, uma vela muito utilizável em casos de depressão ou tristezas. Também se utiliza para abrandar comportamentos ariscos. Enfim, ali onde haja que levar luz e claridade da mente, o amarelo será ideal. Aspectos positivos: alegria, vida, gozo, calor,

força, glória, luminosidade, luz, desenvolvimento da intuição, intelecto, poder e força mental. Aspectos negativos: covardia, inveja, desconfiança, enfermidade, decadência e morte, adultério, traição, inconstância e aspecto enfermiço.

Laranja

Quando o amarelo se combina com o vermelho temos a cor laranja que é revigorante, energizante, emocional e geradora de vida. A cor laranja combina a perfeição da força  e o impulso do vermelho com a inteligência do amarelo. É um estímulo a atuar com certa rapidez. Por alguma razão é a cor mais utilizada nos restaurantes de comida rápida no mundo todo. Uma vela laranja é ideal para atrair a harmonia e o estímulo a sua vida, de maneira que não se produzam demasiados sobressaltos, mas impedindo que sua vida ou o assunto que lhe interessa se estanque. É ideal como ajuda para tomar qualquer tipo de decisão, assim como quando se necessita de adaptação para abordar o que se nos confronta para ir adiante. Além do mais introduz uma mistura de alegria e de serenidade muito úteis para que as coisas se nos saiam bem. No laranja esconde-se uma energia de atração muito potente, pelo que sempre será muito útil para potencializar o que estamos pedindo.

Azul

É a cor dos céus e das nuvens, claro e radiante, por isso sempre foi vinculado com o celestial e com os deuses, sendo a miúdo considerado com a cor do planeta Júpiter.

A roupa da Virgem Maria é frequentemente azul, para por em relevo, entre outras coisas, seu papel de "Rainha do Céu". O azul costuma-se associar ao espaço e à profundidade: no alto o céu azul e em baixo o mar azul. É uma cor fria e associada, portanto, a uma sensação térmica.

A pessoa simples costuma sentir-se cansada e deprimida quando permanece numa habitação predominantemente azul.

Sua relação com o mar e com a água estende-se ás lágrimas, ao pranto e à tristeza.

As velas desta cor são totalmente aptas para trazer serenidade a algum assunto ou alguma pessoa.

O azul incentiva qualidades espirituais como a serenidade, a fé, a esperança, o amor desinteressado e espiritual e a fidelidade. Assim, é ideal para acalmar tensões após disputas, para harmonizar uma situação difícil entre pessoas, assim como para ligar-se melhor com o mundo espiritual.

Os aspectos positivos do azul são a fidelidade, a inspiração, a veracidade, a tranquilidade, o entendimento espiritual, a serenidade, a esperança, a devoção, a calma, a intuição e a piedade. Entre seus aspectos negativos estão: a frieza, a depressão, a reserva, a melancolia, as lágrimas, a tristeza, a frigidez, a apatia, a falta de simpatia a lobreguidão, a pena e o esfriamento das relações.

Verde

É a cor da fertilidade e está estreitamente relacionado com a Mãe Terra. Assim, será muito útil aos assuntos que necessitem de uma grande produtividade ou de criatividade. Atrai o equilíbrio à mente, ao corpo e ao espírito, permitindo forjar uma estabilidade e uma segurança quase inquebráveis. A "luz verde" é, em todos os lugares, um símbolo que nos indica que podemos seguir com segurança. O verde também é uma cor associada à saúde, de maneira que também poderá ser usada para atrair ou solucionar algum tipo de enfermidade sem reparos. É o símbolo da energia, da fertilidade, da vida nova, do crescimento e da caridade. É refrescante e frio, sugerindo paz e relaxamento. É muito útil àqueles que necessitem de boa sorte ou para as cerimônias relacionadas com as finanças. Ao mesmo tempo é refrescante e frio, sugerindo paz e relaxamento. Todavia, quando o verde se escurece com o negro, denota inveja, ciúmes, desconfiança e superstição. Aspectos positivos do verde são: calma, paz, imortalidade, juventude eterna, estabilidade, produtor de alegria, contentamento, tranquilidade, crescimento, primavera, abundância, fertilidade, renovação, equilíbrio e vida. Aspectos negativos: ciúmes, inveja, enfermidade, avareza, covardia, cólera, discórdia, discussão, desarmonia, suspeitas e ressentimento.

Arroxeados e púrpura

A gama dos arroxeados, púrpura e violetas são cores resultantes da mistura do vermelho com o azul. Nos tempos antigo, a púrpura ou arroxeado era uma cor extremamente cara, apenas a realeza, os magistrados, os chefes militares e os muito ricos podiam trazê-lo, pelo que se converteu num símbolo de luxo e poder. A cor era obtida de um molusco, o Buccinum murex, chamado popularmente "purpureum". É uma cor espiritual e psíquica, dotada de sabedoria, reverência, idealismo e dignidade. É neutra, nem quente, nem fria.

O arroxeado, portanto, significa êxito, elevação, prestígio e proeminência social e o sucesso dos desejos do coração. Seu uso negativo será o abuso tirânico do poder ou autoridade, uma busca doentia de progresso e de poder.

Tradicionalmente, as velas arroxeadas utilizam-se para trazer poder e prestígio ao peticionário e ao utilizá-las para qualquer assunto, especialmente o financeiro, se obterá um êxito rotundo. Por exemplo, são ideais para a aprovação numa entrevista de trabalho ou conseguir algo muito desejado. Deve, entretanto, ter muito cuidado, pois, deve evitar-se sempre o cair em excesso de ambição.

Violeta

É a cor da transmutação ou transformação do passado em futuro ou das velhas atitudes em outras mais elevadas e mais evoluídas. Para os antigos simbolizava a "vestimenta de Deus" e como tal se considerava sagrado, simbólico da inocência, do amor à verdade e da verdade do amor.

Tem a capacidade de alcançar grandes alturas, mas com frequência está velado pelo mistério. É a cor do sacrifício e da perseverança, da piedade e do sentimentalismo. É uma tonalidade suavizante que pode atuar como sedativo, produzindo ao mesmo tempo certa letargia, melancolia e sono, sendo um poderoso agente tranquilizador.

Leonardo da Vinci, que sabia muito das cores, dizia que o poder de meditação é dez vezes superior sob uma luz violeta que transpassasse os vitrais de uma tranquila catedral.

Conta-se que o conde de Saint Germain utilizava esta cor na cura e que com gemas e pedras preciosas de cor violeta removia manchas. Nas velas, o poder curativo do violeta é muito importante, ao mesmo tempo que facilita profundamente a meditação e o desvelar dos mistérios escondidos na alma humana. Atrai também energias poderosamente sedativas, com uma mescla de tristeza, ao combinar uma vela violeta com uma amarela ou laranja podem obter-se grandes resultados. Utilize-a quando quiser transmutar algum assunto em algo muito melhor. É uma vela protetora por natureza.

Cinza / prateado

Utiliza-se para denotar idade, maturidade e sabedoria no seu aspecto positivo; velhice, senilidade ou segunda infância, no negativo, pois a idade pode trazer qualquer dessas qualidades.

A maturidade ou a velhice tornam cinza ou prateados os cabelos.

Com frequência o cinza representa a lamentação. Considera-se que sua neutralidade é devida à adição do branco ao negro e, portanto, representa alívio ou superação do mal. Pela mesma razão representa, com frequência, um estancamento, pois uma cor cancela os efeitos da outra, sem que nenhuma obtenha o controle.

O branco é vivaz, o negro é sombrio, o cinza é um intermédio. É a cor da indiferença e da inércia, das cinzas que caem, quando se apagou o fogo. Costuma-se utilizar quando se tenta deter algum mal e também para tomar decisões, desde uma posição mais madura, para ajudar a amadurecer uma pessoa.

Uma vela prateada atrairá a energia da noite e da lua, assim, será possível utilizá-la em rituais ou cerimônias noturnas para representar a referida energia. Por sua vez, traz serenidade e profundidade de pensamento.

Branco

É a cor da limpeza, da pureza e da inocência. Representar algo com a cor branca é mostrar um estado de graça e pureza, um estado virginal, assim, as virgens vestais iam vestidas com a cor branca para atender à chama sagrada. Deduz-se disto que os deuses consideravam o branco como uma cor aceitável.

Os sacerdotes romanos de Júpiter traziam roupas brancas e lhe sacrificavam gado branco. Com a morte de César, o luto nacional era branco.

Os cavalos sagrados dos gregos, romanos, germânicos e celtas eram brancos. Na arte religiosa, costuma-se representar Cristo com roupas brancas depois da ressurreição, do mesmo modo que os anjos e os justos mortos que estão no céu. Quer dizer, o branco foi sempre, por natureza, a cor da energia divina. Mas ao branco se lhe atribuem também qualidades negativas, entre elas a debilidade, a falta de força e a covardia. Parte do seu simbolismo negativo, vem-lhe do fato de que a palidez se tenha relacionado sempre com a falta de sangue e de vigor.

Os aspectos positivos do branco são: a limpeza, a pureza, a inocência, o bem, a luz, a paz, a modéstia, a espiritualidade, a sinceridade, a verdade, a simplicidade e a esperança. Os negativos são a debilidade, a delicadeza, a enfermidade, a covardia, a falta de sangue, a falta de vigor, a falta de vida, a timidez, o nervosismo e a impotência.

As velas brancas serão especialmente muito úteis, quando se queira realizar uma limpeza ou se busque proteção. Ajudam também a atrair energias positivas necessárias à ação, assim como favorecem no indivíduo, as qualidades divinas da verdade, da sinceridade, da inocência, da esperança, da simplicidade e do amor puro.

O branco contém em si mesmo todas as cores, por isso, as velas brancas podem utilizar-se à maneira de tapa-buraco, pois a maioria das cerimônias pode fazer-se exclusivamente com a cor branca, para pedir qualquer coisa de que tenhamos necessidade, desde os aspectos mais materiais aos mais espirituais. No caso de dúvida, as velas brancas são as mais recomendáveis.

Negro

O negro relaciona-se por natureza com a noite e a escuridão e por extensão, com a morte, que é a "noite" com que termina o "dia" do homem e assim, com a pena e a aflição. O negro representa o mal e os poderes da escuridão.

Os romanos assinalavam seus dias afortunados com giz branco e os malsucedidos, com carbono: eram seus *"dias negros"*.

Na Grécia e em Roma os animais negros eram relacionados com a deusa Terra e os poderes inferiores, os fantasmas, os mortos e o submundo.

O negro é a cor da terra, naquela em que nos enterram após a morte. Na alquimia o negro representa também a morte e a putrefação. O planeta relacionado com o negro é Saturno, o Ancião dos dias.

Não obstante, Saturno tem excelentes atributos positivos como estabilidade, sabedoria, controle, precaução, justiça, espírito prático, confiabilidade e responsabilidade.

Por outro lado, a escuridão é necessária, para que logo a luz possa iluminar e ser apreciada em todo o seu esplendor. Na escuridão da terra é onde tem lugar a germinação e o começo de uma nova vida. No trabalho com as velas, a cor negra se usará geralmente para representar ou potencializar as qualidades saturninas. Os atributos negativos de Saturno e da cor negra são: a depressão, a melancolia, o desalento, a desesperança, a tristeza, o pessimismo e o desânimo. Os positivos: a estabilidade, o controle, a precaução, a justiça, a paciência, o espírito prático, a responsabilidade e a frugalidade.

As velas negras usam-se também com a intenção de fazer desaparecer aspectos "negros" ou negativos, de forma que, ao consumir-se a vela negra, consome-se o negativo.

Marrom

Marrom

O marrom é uma cor associada também à terra, especialmente quando ainda não foi semeada. Tem poderosas relações com o outono. É uma das cores do signo de Virgem, o signo natural do Zodíaco em que o verão se transforma em outono. É o momento em que tudo começa a ir mais lento como preparação para o sonho hibernal.

O marrom faz referência à solidez e à segurança da terra e por isso pode ser usado para restaurar a confiança em si mesmo ou na vida. Há, porém, que ter cuidado, porque no seu aspecto negativo, pode atrair incerteza, assim pois, quando for usá-lo deve-se especificar muito bem o que se quer, para que não alcancemos um efeito contrário ao nosso pedido.

A vela marrom pode ser utilizada também, quando se quiser fazer algo mais estável e firme, especialmente nos negócios. Com os dados expostos, não será difícil escolher a cor adequada à vela para um ritual ou trabalho particular. Convém que sempre se leve em conta que na hora de escolher a cor mais adequada para cada ocasião, deverá ouvir a voz interior intuitiva e seguir o impulso que surgir do seu íntimo, desde o momento antes do indicado neste livro ou em qualquer outro.

A seguinte lista organizada alfabeticamente, indica as cores que se podem utilizar em rituais com velas para determinadas finalidades:

Aberto (estar): rosa e amarelo;

Advogado (obter um): branco e amarelo;

Advogado (lograr resultados positivos com o seu): rosa e púrpura;

Advogado (saber a verdade do seu): azul e amarelo;

Aborrecimento (superá-lo): branco e laranja;

Abstrato (para entender o): amarelo e vermelho;

Absurdo (para compreender o): branco e rosa;

Abundância (mantê-la): azul e verde;

Abundância (obter): verde e amarelo;

Aborrecimento (aliviar o): branco e azul;

Abusivo (aliviar sua tendência a ser): branco e azul;

Abuso (proteger as crianças do): rosa e branco;

Acadêmico (chegar a ser): amarelo;

Acampamento (ir ao): azul;

Acampamento (vender uma barraca de): amarelo e verde;

Acidentes (para evitá-los): púrpura e laranja;

Ação (ter ação na vida própria): amarelo e vermelho;

Ação (para garanti-la): vermelho;

Aceleração (física): vermelho e amarelo;

Aceleração (mental): amarelo e laranja;

Acelerar (para acelerar-se): amarelo;

Acontecimentos (fazer acontecer): branco e vermelho;

Acúmulo (físico): azul e verde;

Acúmulo (mental): amarelo e laranja;

Adaptabilidade (em casa): amarelo e azul;

Adaptabilidade (no trabalho): verde e azul;

Administrador (ser promovido a): azul e verde

Administrador (ser um bom): azul e amarelo;

Administrar (suas capacidades): verde;

Administrativo (receber um posto): azul e verde;

Admiração (para manter a admiração que lhe dedicam): azul e rosa;

Adolescência (alívio de más experiências na infância): branco e rosa;

Noções práticas | 53

Adolescência (equilíbrio na): azul;

Adotar (ter a capacidade de poder): amarelo e marrom;

Adotar (ter a oportunidade de): amarelo e púrpura;

Adultério (arrepender-se): branco e negro; amarelo

Afilhada (ajuda econômica): azul;

Afilhada (ajuda emocional): amarelo;

Afilhada (ajuda física): vermelho e branco;

Afilhada (ajuda mental): amarelo e branco;

Afilhado (ajuda emocional): amarelo e branco;

Afilhado (ajuda espiritual): púrpura;

Afilhado (ajuda financeira): verde;

Afilhado (ajuda física): azul;

Afilhado (ajuda mental): amarelo e rosa.

Afilhado (encontrar): amarelo e branco;

Aflição, pena (aliviá-la): amarelo;

Afortunado (ser): verde;

Agradecido (ser): azul e rosa;

Agressão (evitar qualquer agressão verbal): azul e amarelo;

Agressividade (evitar prejudicar com agressividade sua relação de parceiro): rosa e amarelo;

Agressivo (evitar ser agressivo fisicamente na casa): branco;

Ajuda (superar seu medo de pedir): rosa e branco;

Ajudar (mudar a idéia de que se alguém o ajuda, estará em dívida com esta pessoa por toda a vida): branco;

Ajustes (corporais): vermelho e amarelo;

Ajustes (mentais e de atitude): amarelo e azul;

Álcool (curar o vício em): branco e amarelo;

Alcoólico (aliviar sua dependência do álcool): branco e púrpura;

Alegria (na vida): amarelo e azul;

Alegria (enviá-la a alguém sem que esta pessoa saiba que foi você): laranja e amarelo;

Alegria (por alegria na vida de alguém): laranja e amarelo;

Alegrias (compreendê-las): amarelo;

Alegrias (superá-las): branco e amarelo;

Alerta (estar alerta): branco e laranja;

Alerta (físico): laranja e branco;

Alerta (mental): amarelo e branco;

Alianças (com outros): rosa;

Alianças (de outros com você): rosa e azul;

Altercações (aliviar o medo de): branco e púrpura;

Altercações (aliviar sua tendência às): branco e amarelo;

Altitude (aliviar o medo das alturas): amarelo e azul;

Alucinações (aliviar o medo das): amarelo e azul.

Amável (ser amável com outros): rosa;

Amável (ser): amarelo.

Amáveis (para que outros sejam com você): rosa e azul;

Amante (recuperar o amante perdido): amarelo;

Amante (ter um): rosa e amarelo;

Ambicioso (ser muito): verde;

Ambicioso (superar o temos de ser): branco e amarelo;

Amor (sentir): amarelo e rosa;

Amor (superar o medo de sentir): branco e rosa;

Amor (superar sua obsessão por amar, para que possa chegar a sentir amor): azul;

Amor (terminar com todo ódio para que possa sentir amor): amarelo e branco;

Analítico (ser): azul e branco;

Angina (aliviar-se de): branco e rosa;

Anelo (aliviar um): vermelho e amarelo;

Ansiedade (aliviar a): branco e amarelo;

Ansiedade (encontrar sua origem em si mesmo): rosa e amarelo;

Ansiedade (entender a origem da ansiedade de outros): azul e rosa;

Ansioso (chegar a ser): amarelo e verde;

Ansioso (manter a energia): azul;

Apaixonado (ser): vermelho;

Apostar (aliviar sua tendência a): laranja e púrpura;

Apoiado (superar sua necessidade de ser): amarelo;

Apoio (emocional): azul;

Apoio (financeiro): amarelo e verde;

Apoio (físico): marrom e amarelo;

Apoio (receber): azul e verde;

Apreensão (aliviar a sua própria): vermelho e branco;

Aposta (ganhar uma): verde;

Ar (para respirá-lo puro): branco e laranja; arco (facilidade com o arco): amarelo;

Arrendamento (mudar o): amarelo e branco;

Arrendamento (firmar o contrato de): amarelo e azul;

Arrendamento (renovar o): azul;

Arrestado (aliviar o medo de ser): amarelo e púrpura;

Assaltos (aliviar o medo de ser assaltado): rosa;

Ascensão (para que o ascendam ou o promovam no trabalho): amarelo e azul;

Assassino (superar o temor de estar diante de um): púrpura;

Assertivo (ser): vermelho e branco;

Aspirações (lograr suas): rosa e amarelo;

Atitude (sobrelevar a dos outros): branco;

Atitude (superar a negativa): branco e vermelho;

Atitude (ter uma atitude positiva): amarelo e branco;

Atividade (estimular a atividade mental): amarelo;

Atividade (garantir a atividade física): vermelho e amarelo;

Atividade (mental): vermelho e amarelo;

Ativo (para chegar a ser): vermelho e branco;

Atleta (chegar a ser): branco e púrpura;

Atleta (triunfar como): azul e púrpura;

Atração (para superar): amarelo e branco;

Atração (para ter): rosa;

Atraiçoado (superar o medo de ser): branco e rosa;

Atrair (alguém a você): amarelo e laranja;

Atraso (aceitá-lo com benevolência): amarelo e rosa;

Atuar (poder): azul;

Aumento (obter um): azul e verde;

Aumentos (para ajudar outros a superá-los): amarelo e branco;

Aumentos (ser responsável pelos seus): amarelo;

Aumentos (superar os): azul, branco e laranja;

Autêntico (ser): azul;

Auto (obter): branco e verde;

Autoconfiança (ter): vermelho e amarelo;

Autocontrole (ter): branco e azul;

Autodeterminação (ter): branco;

Auto estima (ter): laranja;

Automóvel (comprar um carro a preço justo): azul e amarelo;

Automóvel (conservar o): amarelo;

Automóvel (vendê-lo por um bom preço): amarelo e verde;

Autor (estar na companhia de um): branco e azul;

Autor (que se lhe publiquem as suas obras): amarelo e verde;

Autoridade (ser uma): amarelo e laranja;

Autoridade (contatos positivos com a): amarelo;

Autorizar (poder): amarelo;

Avanços (nos negócios): azul e verde;

Avançado (ser): amarelo e cinza;

Aventuras (ter): amarelo e vermelho;

Avisar (ao comprador de inconvenientes): amarelo;

Avisos (para receber): branco;

Bactérias (desenvolver): azul e verde;

Bactérias (desaparecer): laranja e azul;

Bancos (negociações positivas com eles): amarelo e verde;

Bancos (obter um empréstimo): azul e verde;

Bancos (obter um cartão de crédito): amarelo e azul;

Barco (comprá-lo a bom preço): amarelo;

Barco (pescar com sucesso): azul e vermelho;

Barco (ter um barco de pesca): branco e vermelho;

Barco (vendê-lo a bom preço): amarelo e verde;

Bebês (ajudar o irmão de um novo): branco e azul;

Bebês (encontrar um bom berçário): azul;

Bebês (menina): rosa;

Bebês (proteger a irmãzinha): púrpura e rosa;

Bebês (proteger o irmãozinho do novo): púrpura e branco;

Bebês (ter um varão): azul;

Bebês (ter uma menina): rosa e vermelho;

Bebês (ter): rosa;

Beleza (ver a beleza nos outros): amarelo e rosa;

Beleza (ver sua própria): rosa;

Bênçãos (agradecê-las): branco e azul;

Bênçãos (para recebê-las): azul;

Benefícios (dinheiro efetivo): verde e vermelho;

Benefícios (obter): verde;

Boas vindas (assegurar): branco e rosa;

Bodas (realizá-las uma vez): rosa e azul;

Bom (ser): branco;

Bondoso (ser sempre): amarelo;

Bonita (ser): rosa;

Bônus (obter): verde;

Bônus (vender): amarelo e azul;

Breve (ser): amarelo e azul;

Brilhante (chegar a ser): laranja e amarelo;

Brilhante (usar suas habilidades): azul e amarelo;

Brilhar (poder): amarelo e azul;

Bronzear-se marrom e amarelo;

Brusco (chegar a ser): vermelho;

Brutalidade (terminar com a brutalidade em casa): branco;

Brutalidade (cuidar das suas crianças contra a): rosa e branco;

Cabelo (fortalecê-lo): laranja;

Cabelo (para deter a queda): azul;

Cabelo (para que lhe cresça): laranja e amarelo;

Café (encontrar o que deseja comprar): branco e verde;

Café (encontrar um em oferta): branco e azul;

Cafeína (reduzir o consumo de): marrom;

Cafeína (reduzir a quantia no café): amarelo e marrom;

Calma (voltar à): branco;

Caluniar (superar sua tendência à): amarelo;

Calúnias (responsabilizar-se por suas): branco;

Calvície (acabar com o medo da): azul;

Calvície (deter a calvície): azul e laranja;

Câmbio (superar o medo do câmbio): azul;

Câmbio (lograr um câmbio positivo): branco e azul;

Caminhar (poder andar): amarelo;

Cancelamento (de um contrato sem demanda): amarelo e marrom;

Câncer (aliviá-lo): laranja e azul;

Candidato (chegar a ser): amarelo;

Cantar (poder cantar): rosa e azul;

Cárcere (ajudar um amigo a sair do): branco e verde;

Cárcere (permanecer fora): branco e púrpura.

Cárcere (sair dele): amarelo e rosa;

Caridade (dar): branco;

Caridade (recebê-la com dignidade): azul e verde;

Carinho (que alguém sente por você): branco e rosa;

Carinho (sentir carinho por alguém): branco e amarelo;

Carma (renunciar à idéia de que o carma tem que ser mau): amarelo e branco;

Carma (superar o medo do): amarelo;

Cão (encontrar o seu): amarelo;

Cão (encontrar um): amarelo e branco;

Carpinteiro (ser): marrom;

Carreira profissional (encontrar a adequada): amarelo e branco;

Carreira profissional (melhora econômica): verde e amarelo;

Carreira profissional (melhora mental): verde e branco;

Carreira profissional (melhorar): verde;

Casa (obter): rosa e amarelo;

Casamento (casar-se): amarelo e rosa;

Casamento (encontrar alguém para casar-se): rosa e branco;

Cassinos (ganhar nos cassinos): verde;

Cassinos (visitar): verde;

Casual (ser): azul;

Cativar (poder): azul e branco;

Cativeiro (superar o seu medo do cativeiro): azul e branco;

Cativeiro (superar você): azul;

Ceder (com honra): rosa;

Celebrar (com familiares e amigos): azul e rosa;

Celebridade (chegar a ser uma): branco e amarelo;

Celebridade (ter uma por companhia): branco;

Celibato ((chegar a ser celibatário): branco e amarelo;

Cerimônia (realizar uma): púrpura;

Certificado (obter): azul e amarelo;

Chamada (receber um telefonema de uma certa mulher): amarelo e rosa;

Chamada (receber uma ligação de um certo homem): amarelo;

Chantageado (superar o medo de ser): branco e amarelo;

Chave (encontrar suas chaves): amarelo e branco;

Chefe (poder relacionar-se com seu): amarelo;

Chefe (ser um chefe com êxito): amarelo e azul;

Chorar (desenvolver a habilidade de): amarelo e branco;

Cirurgia plástica (uma com êxito): laranja e rosa;

Colheita (ter uma boa): marrom e verde;

Noções práticas | 61

Combate (aliviar o medo do): branco;

Combate (aliviar sua tendência ao): púrpura e branco;

Começo (de novo): branco e amarelo;

Começo (sucesso): amarelo e verde;

Compartilhar (desenvolver sua capacidade de): azul;

Companhia (desfrutar da companhia dos demais): azul e amarelo;

Competição (ganhar uma): azul e branco;

Complexo de inferioridade (superar):; branco e púrpura;

Comportamento (mudar o próprio): amarelo;

Comportamento (capacidade para guardar certo): laranja;

Comportamento (ter um comportamento positivo): amarelo e azul;

Comportamentos anômalos (evitar): azul e amarelo;

Comprar (algo melhor): verde;

Compreensão (ter): verde e púrpura;

Comprometido (chegar a estar): rosa e azul;

Compromisso (superar o medo do): amarelo;

Compulsão (aliviar uma): azul e marrom;

Comunicação (mantê-la): azul e amarelo;

Comunicação (ter uma relação com boa): rosa e amarelo;

Comunicar (estimular a habilidade): amarelo;

Concentração (estimulá-la): amarelo e azul;

Consciência (expansão): azul;

Conduzir (aprovar um exame de): azul e amarelo;

Confiável (ser): azul e branco;

Confiança (ter muita): azul e amarelo;

Confiança em si mesmo (ter): azul;

Conformidade (para estar em): amarelo;

Confrontar (habilidade para): vermelho;

Conhecido (permitir que seu trabalho seja): amarelo e azul;

Conhecido (ser): azul;

Conhecimento (estimular sua memória): amarelo e azul;

Conhecimento (ter): amarelo;

Conselheiro (encontrar um): amarelo e branco;

Conselheiro (para buscar um): amarelo e branco;

Conselheiro (para ser um bom): azul e amarelo;

Constância (no trabalho): rosa e verde;

Constância (com as crianças): rosa e marrom;

Constância (com seu relacionamento de par): marrom e branco;

Construtor (encontrar um bom): amarelo e verde;

Construtor (ser): amarelo;

Construir (poder): marrom;

Construir um edifício com êxito (marrom):;

Construir uma casa (verde e marrom):;

Construir (uma infraestrutura econômica): marrom e verde;

Conta (poder pagar uma): verde e amarelo;

Contato (fazer): amarelo;

Contente (por mais alguém): branco e rosa;

Contente (por si mesmo): rosa;

Controle (aliviar sua tendência por controlar os outros): amarelo e azul;

Controle (manter): amarelo;

Controle (para controlar sua própria vida): verde, amarelo e azul;

Controvérsia (evitar envolver-se): negro e branco;

Conversação (superar sua timidez): azul e amarelo;

Cooperação (obter): laranja e verde;

Cooperar (manter sua habilidade para): azul e verde;

Coração (aliviar a dor de coração): rosa;

Coragem (catalisar a coragem de outros): amarelo e azul;

Coragem (ter): azul e branco;

Corpo (estar em boa forma): azul e laranja;

Corretor (com quem negociar): amarelo;

Corretor (chegar a ser um): amarelo e verde;

Corretor (que faça seus negócios): vermelho e branco;

Correspondência (receber): amarelo;

Corte (ser importante na): púrpura;

Costas (aliviar a dor do alto das costas): amarelo e laranja;

Costas (aliviar a dor na parte inferior das): amarelo e branco;

Costas (aliviar a dor da suas): laranja;

Costas (fortalecer suas): púrpura e azul;

Cozinhar (aprender a): azul e amarelo;

Credibilidade (entre seus companheiros de trabalho): azul.

Credibilidade (entre seus familiares): verde.

Crédito (obter): verde;

Crenças (mudar suas): branco e púrpura;

Crenças (entender as crenças dos outros): púrpura.

Crenças (fortalecer as suas): laranja e azul;

Crescer (emocionalmente): azul e amarelo;

Crescer (em sua relação de parceiro): amarelo e azul;

Crescer (espiritualmente): púrpura e azul;

Crescer (financeiramente): verde e amarelo;

Crescer (fisicamente): amarelo e laranja;

Crescer (mentalmente): amarelo;

Criada (ter uma): marrom e amarelo;

Criança (permitir-se ser): azul;

Criança (ser uma): amarelo;

Criança (superar seu temor da infância): amarelo e púrpura;

Criar (manter a habilidade para): amarelo e púrpura;

Criativo (obter): verde;

Crise nervosa (não a sofrer): branco e amarelo;

Cruel (aliviar sua tendência a ser): amarelo;

Cuidados (para alguém): amarelo e branco;

Cuidadoso (com alguém): amarelo e rosa;

Cuidadoso (ser): amarelo;

Culpável (aliviar sua tendência a sentir-se): branco;

Curioso (ser): amarelo e azul;

Custo (redução do custo de vida): amarelo e cinza;

Custódia (obter a custódia de um menino): azul e branco;

Custódia (obter a custódia de uma menina): rosa e branco;

Custódia (reter): verde e amarelo;

Dar (poder): verde e rosa;

Dar (confiança): amarelo e cinza;

De mente aberta (ser): azul;

Débil (superar sua tendência sentir-se): laranja;

Decepcionado (aliviar o temor de ser): amarelo;

Decepcionado (aliviar a tendência a ser): azul;

Deleite (ter): amarelo;

Delinquente juvenil (ajudar seu filho a superar esta conduta): amarelo;

Delinquente juvenil (descobrir um): azul;

Delito (aliviar sua tendência a cometer): azul;

Noções práticas | 65

Demora (aliviar seu medo de): branco;

Dependência (renunciar sua tendência a depender de outros): azul;

Depender (aliviar se temor de): branco e amarelo;

Depressão (aliviá-la): amarelo e azul;

Depressões (ajudar outros a superarem suas): marrom e branco;

Depressões (superar as próprias): branco e amarelo;

Desafio (vencer): azul;

Desagradável (aliviar sua tendência a ser): branco;

Desapercebido (passar): branco e azul;

Descansar- branco e azul;

Descansar (ter tempo para): azul e branco;

Descontente (superar o descontentamento): rosa;

Descuidar (para não descuidar das coisas importantes): azul;

Descuido (pessoal): branco;

Desculpas (dar e ser bem recebidas as nossas): azul e amarelo;

Desculpas (obter): amarelo e rosa;

Desejar (poder): azul;

Desejo (obter seu): rosa;

Desejo (permitir-se manifestar seu): púrpura;

Desejos (cumprir seus): rosa e púrpura;

Desequilíbrio (emocional): azul;

Desequilíbrio (espiritual): púrpura;

Desequilíbrio (físico): azul e amarelo;

Desequilíbrio (mental): amarelo e rosa;

Desespero (para não se desesperar): amarelo e rosa;

Desesperançado (aliviar sua tendência a sentir-se): amarelo;

Desfrutar (da companhia de outros): azul;

Desfrutar (de quem ama): rosa e púrpura;

Desfrutar (da vida): azul e rosa;

Desfrutar (da sua carreira): verde;

Desfrutar (do seu lar): marrom e branco;

Desfrutar (que outros desfrutem da sua própria companhia): rosa e púrpura;

Desgaste (aliviar sua tendência a sofrer): branco e marrom;

Desgaste (ajudar outros a não o sofrer): amarelo;

Desonra (aliviar o medo da): amarelo;

Desonra (evitá-la): amarelo e azul;

Despido (aliviar o medo de visto despido por um estranho): amarelo;

Desapegado (ser): amarelo;

Desperdiçar (superar sua tendência a esbanjar): laranja;

Despreocupadamente (viver): amarelo;

Destacar (nesta vida): amarelo;

Destino (crer nele): branco;

Devoto (ser): azul

Dívida (acalmar sua necessidade por): branco e azul;

Dívida (diminuir suas): azul;

Dívida (incrementar sua capacidade de pagamento): verde;

Dívida (sair dela): verde;

Diagnóstico (superar o medo de não receber o diagnóstico apropriado): azul;

Diamante (poder presentear com um diamante): amarelo e verde;

Diamante (receber um diamante): verde e azul;

Diamante (ter um): branco e azul;

Dieta (comer adequadamente): amarelo e azul;

Dieta (ganhar peso): azul e marrom;

Dieta (perder peso): rosa e marrom;

Diferente (aliviar seu medo de ser): amarelo;

Diferente (permitir a outros serem diferentes): amarelo e branco;

Diferente (permitir-se ser): azul;

Diferente (renunciar ao conceito de que o diferente é ruim): rosa;

Dificuldades (superar as necessidades de sofrer): branco;

Dimensão (aliviar o medo de outra): verde e branco;

Dinâmico (ser): azul e amarelo;

Dinheiro (atrair): amarelo e verde;

Dinheiro (conservá-lo): verde e amarelo;

Dinheiro (guardar uma boa soma de): verde;

Dinheiro (guardar): verde e amarelo;

Dinheiro (obter): verde;

Dinheiro (suficiente para levar uma boa vida): verde e branco;

Dinheiro (ter): verde;

Dinheiro de fato (afogar): rosa verde;

Dinheiro de fato (ganhar): verde e amarelo;

Dinheiro de fato (repor): marrom e verde;

Dinheiro de fato (Ter): verde;

Deus (Superar o medo de): branco e rosa;

Diplomacia (usar sua): rosa e amarelo;

Diplomático (ser): amarelo;

Direção (viajar na direção correta): azul;

Direção (viver com um propósito e uma direção): amarelo e branco;

Disciplina (para outros): azul, amarelo e branco;

Disciplina (própria): azul;

Discussões (para lidar com): rosa e amarelo;

Discutir (aliviar sua tendência a estar discutindo): azul e amarelo;

Distraído (aliviar sua tendência a fantasiar): amarelo;

Distraído (ser): amarelo e branco;

Divertido (justificação para ser): rosa e amarelo;

Divertido (renunciar à ideia de que ser divertido é ser imaturo): branco;

Divertido (ser): rosa;

Divertir (poder): branco e azul;

Divertir (usar sua habilidade inata para): azul;

Divertir-se (com amigos): vermelho e azul;

Divertir-se (só): azul;

Dívida (acalmar sua ansiedade pelas dívidas): branco e azul;

Dívida (diminuir suas dívidas): azul;

Dívida (incrementar sua capacidade de pagamento): verde;

Dívida (sair dela): verde;

Divórcio (abandonar o medo do): azul e amarelo;

Divórcio (com honra): azul e púrpura;

Divórcio (para não temer a sua ex): vermelho e branco;

Divórcio (para receber o): verde;

Divórcio (sem perder a sua dignidade): verde;

Dor (superar sua tendência sofrer): azul e laranja;

Dor de cabeça (aliviar a): branco e cinza;

Dor de cabeça (superar sua tendência a utilizar a dor de cabeça como uma desculpa): branco;

Dominante (superar sua tendência a ser): púrpura;

Dormir (poder): rosa;

Drogas (superar a adição às drogas): amarelo e branco;

Ebanista (empregar um ebanista que termine o trabalho): azul;

Ebanista (empregar o melhor): amarelo;

Ebanista (ser ebanista): marrom e verde;

Educação (assegurar a sua): púrpura e branco;

Educação (continuar a sua): azul e amarelo;

Educação (ter uma boa): amarelo;

Ego (saudável): amarelo;

Egoísmo (superar sua necessidade de ser egoísta): branco e negro;

Emagrecer verde e amarelo;

Emboscadas (superar o medo das): branco;

Emboscadas (superar sua tendência a preparar): branco e amarelo;

Emergência (guardar a calma numa): branco;

Emergência (superar o medo de uma): branco;

Emoção (Ter muita emoção em sua vida): rosa e vermelho;

Emoção (viver uma emoção positiva): amarelo e branco;

Empatia (sentir): azul;

Emprego (encontrá-lo facilmente): verde e amarelo;

Emprego (para obter um): verde;

Empréstimo (de dinheiro sem problemas): verde;

Encanto (ter): branco;

Encanto (usá-lo para aproveitar oportunidades): rosa e azul;

Encarar (poder): branco;

Encontrar-se a si mesmo: amarelo e azul;

Energia (manejar): branco e amarelo;

Energia (obter): vermelho;

Energia positiva (aprender a aproveitar a): rosa e verde;

Enfermar-se (superar a necessidade de): amarelo e laranja;

Enfermidade (física, alívio): amarelo e azul;

Enfermidade (mental, alívio): amarelo;

Enfermidade (superar a necessidade de padecer): azul e laranja;

Enfermidades crônicas (para aliviar a outros): branco, amarelo e rosa;

Enfermidades crônicas (para aliviar-se a si mesmo): azul, branco e amarelo;

Engraçado (superar a necessidade de ser): amarelo;

Ensinar (poder): amarelo;

Entendimento (terminar com sua falta de): amarelo;

Entrevista (aliviar seu medo de comparecer a uma): púrpura;

Entrevista (fazê-la correta): amarelo e laranja

Entrevista (ter uma): azul e amarelo;

Entusiasmo (superar a falta de): azul e branco;

Entusiasta (ser): azul e rosa;

Envio, remessa, entrega (poder fazer um envio a tempo): verde;

Equilíbrio emocional: púrpura;

Equilíbrio financeiro: verde;

Equilíbrio físico: branco;

Escapar (poder): azul e branco;

Escravidão (aliviar o medo da escravidão): amarelo e branco;

Escrever (desenvolver seu talento de escritor): verde e amarelo;

Escuridão (superar o medo da): branco;

Esforços (viver uma vida sem): branco;

Espectador (ser, mas não participar): azul;

Especular (poder): amarelo e azul;

Esperança (poder dar): rosa e amarelo;

Esperança (ter): rosa e púrpura;

Esperar (poder): vermelho e branco;

Esperto (ser): amarelo;

Espírito (ter): rosa e púrpura;

Esposa (ter uma): rosa;

Estabilidade (obter): amarelo e verde;

Estabilidade econômica (obter): verde e amarelo;

Estabilidade emocional (obter): azul;

Estabelecimento (obter): verde;

Estimular (suas habilidades inatas): negro e verde;

Estragos (abandonar sua tendência a sofrê-los em sua vida): branco e amarelo;

Ético (ser): verde;

Etiqueta (superar a etiqueta que lhe impuseram): rosa;

Etiquetar (entender porque pessoas precisam etiquetar outras): azul e rosa;

Etiquetar (superar a necessidade de etiquetar as pessoas): azul;

Evasão (aliviar sua tendência a escapar da realidade): rosa e azul;

Evasão (superar sua tendência a esconder-se da verdade): amarelo e púrpura;

Exatidão (ter): amarelo e azul;

Exame (apresentar e aprovar exames): azul e amarelo;

Êxito (ter): azul;

Expor (numa situação renunciar ao temor e ao risco): rosa;

Expressão (ter liberdade de): amarelo e azul;

Extras (ter pontos em sua vida): azul e verde;

Extrovertido (ser): vermelho e branco;

Fabulista (ser): amarelo e branco;

Fabuloso (sentir-se): amarelo;

Fácil (viver uma vida): amarelo e azul;

Facilidade (ter): amarelo e azul;

Facilidades (obter): branco e verde;

Facilitar (poder): azul;

Facilmente (aprender): amarelo;

Facilmente (funcionar): branco e púrpura;

Facilmente (viver a vida): azul;

Falar (superar seu temor de): rosa e amarelo;

Falsificador (ir ao): amarelo e cinza;

Falsificadores (aliviar sua tendência a ser um): negro e amarelo;

Fama (ter): rosa e amarelo;

Família (mantê-la unida): branco e rosa;

Família (passar tempo com ela): rosa;

Família (ter uma boa): amarelo e púrpura;

Família (tê-la unida): azul;

Família (ter uma): branco e amarelo;

Famoso (ser): rosa e amarelo;

Famosos (estar em companhia dos): verde;

Fanatismo (aliviar sua tendência ao): amarelo e vermelho;

Fantasia (aliviar o medo da): amarelo;

Fantasia (aliviar sua tendência a viver numa fantasia negativa): negro e branco;

Fantasia (ser criativo com uma finalidade): azul;

Fé (estar com alguém cheio de fé): rosa;

Fé (ter): púrpura;

Felicidade (encontrá-la em si mesmo): rosa e branco;

Felicidade (estar em companhia de outro que a tenha encontrado): branco;

Felicidade (sentir): rosa;

Fecho (por fim a um tema): amarelo e branco;

Feliz (ser): azul;

Férias (ir de): amarelo e branco;

Festa (desfrutar a): azul e amarelo;

Fiança (estabelecer uma): verde e amarelo;

Fiança (obter): verde;

Filha (ajuda econômica): verde;

Filha (ajuda emocional): rosa;

Filha (ajuda física): vermelho e azul;

Filha (ajuda mental): amarelo e rosa;

Filha (encontrar sua): amarelo;

Filha (ter notícias de sua): rosa e amarelo;

Filha (ter uma): rosa e vermelho;

Filho (de qualquer idade, assegurar-lhe boa saúde): amarelo e branco;

Filho de qualquer idade, ajuda econômica): verde e amarelo;

Filho (de qualquer idade, ajuda emocional): azul;

Filho (de qualquer idade, ajuda física): púrpura;

Filho (de qualquer idade, ajuda mental): amarelo e azul;

Filho (de qualquer idade, desfrutar da companhia do seu): branco;

Filho (de qualquer idade, encontrar seu): púrpura e branco;

Filho (de qualquer idade, ter boas notícias dele): amarelo;

74 | O Poder Mágico das Velas

Físico (ter um bom): azul e vermelho;

Flexível (ser): azul e amarelo;

Fracasso (aliviar o medo do): amarelo;

Fracasso (aliviar a necessidade dele): branco;

Fracasso (resguardar-se dele): branco e azul;

Fracasso (superar sua tendência a sofrê-los): amarelo e azul;

Funcionando (ter as coisas): amarelo e marrom;

Furioso (aliviar sua tendência a pôr-se): branco;

Fusionar (negócios obtendo vantagens econômicas): verde e azul;

Ganhos (obter): amarelo;

Ganhar (conservar a energia suficiente para): verde e azul;

Ganhar (economicamente): verde e amarelo;

Ganhar (emocionalmente): amarelo;

Ganhar (espiritualmente): púrpura;

Ganhar (fisicamente): verde;

Ganhar (mentalmente): azul;

Ganhar (ter habilidades para): verde e branco;

Ganhar (ter a habilidade para): verde e marrom;

Garantia (obter uma): amarelo;

Garantia (obter uma): azul;

Gatinho (encontrar um bom lar para um): azul;

Gato (aliviar): laranja e marrom;

Gato (encontrar): amarelo;

Gato (Ter): amarelo;

Generoso (rejeitar a idéia de que se for generoso, perderá): rosa;

Generoso (chegar a ser): branco e amarelo;

Generoso (ser muito): azul;

Generoso (superar seu temor de ser): amarelo;

Genialidade (aproveitá-la ao máximo): azul;

Gênio (aceitar que se é um gênio): amarelo e laranja;

Gênio (chegar a ser um): amarelo;

Glândulas supra-renais (para estimulá-las): azul;

Golpe de sorte (para ter um): verde;

Granja (comprar uma): marrom e branco;

Granja (ter uma): verde;

Granja (trabalhar numa): amarelo;

Granja (vender uma): amarelo e verde;

Grávida (chegar a estar): amarelo e rosa;

Grau (obter um grau maior): azul e vermelho;

Guardar (poder): rosa e amarelo;

Guardar (superar seu temor de não ser capaz de guardar algo): amarelo e laranja;

Guia (conhecer seu): púrpura e branco;

Guia (inspirar como um): amarelo e branco;

Guia (receber): púrpura e branco;

Guia (ser): branco;

Guiar (com sua própria visão): amarelo;

Habilidades (desenvolver s inatas): amarelo e laranja;

Hábito (de trazer energias positivas para sua vida): amarelo;

Hábitos (abandonar os velhos): amarelo e rosa;

Harmonia, rosa e amarelo;

Harmonia (ter harmonia na vida): rosa;

Herança (receber uma): verde e amarelo;

Hiperatividade (superar sua tendência a ela): azul e branco;

Homem (encontrar um homem que a ajude a criar seus filhos): amarelo e rosa;

Homem (encontrar um): rosa;

Honesto (ser): amarelo e branco;

Honra (conseguir): amarelo e azul;

Hóspede (ter um): amarelo e branco;

Iate (comprar um): branco e verde;

Iate (vender): amarelo e vermelho;

Ideia (ter criatividade): amarelo;

Ideia (ter inventividade): amarelo e azul;

Ideia (ter uma idéia positiva): amarelo e rosa;

Ideias (ter): amarelo e azul;

Identidade (conservar a sua): azul;

Ignorância (superá-la): branco;

Ilusão (aliviar o medo de viver uma ilusão que não o conduz a nada): azul;

Ilusão (superar a tendência a viver uma ilusão sem base): amarelo;

Imaginação (superar o medo de utilizar a imaginação): branco;

Imaginação (poder utilizar sua imaginação): amarelo e azul;

Imaginação (ter criatividade): amarelo e púrpura;

Imaginativo (ser): azul e amarelo;

Imatura (aliviar o medo de ser): rosa;

Imatura (aliviar sua tendência a ser): amarelo e azul;

Impaciente (abandonar sua tendência ser): branco e rosa;
impactar (a outros): azul e negro;

Imparcial (ser com os outros): branco;

Impecável (ser): branco;

Importante (ser): amarelo e azul;

Impotência (evadir a impotência): laranja e azul;

Impressão (dar uma boa primeira impressão): rosa;

Impressão (deixar uma impressão duradoura): amarelo e rosa;

Impressionar (poder): rosa e amarelo;

Impulsivo (ser): vermelho;

Impulsivo (superar sua tendência à impulsividade): branco e amarelo;

Imune (contra pessoas negativas): amarelo e azul;

Inabilidade (superá-la): negro e branco;

Inatividade (superar sua tendência a ela): vermelho;

Independente (chegar a ser mais): amarelo e verde;

Independente (ser): branco;

Infantil (aliviar sua tendência ser): amarelo;

Informação (obter): amarelo e cinza;

Ingresso (aumentar o): verde e amarelo;

Inocente (ser): amarelo;

Íntegro (consigo mesmo): amarelo e púrpura;

Intriga (terminar com uma): branco e negro;

Intuição (poder usar a sua): laranja ou marrom e amarelo;

Ioga (poder fazer): laranja;

Irmã (de qualquer idade, assegurar-lhe boa saúde): amarelo e branco;

Irmã (de qualquer idade, ajuda emocional): rosa e azul;

Irmã (de qualquer idade, ajuda financeira): verde;

Irmã (de qualquer idade, ajuda física): laranja;

Irmã (de qualquer idade, ajuda mental): amarela;

Irmã (de qualquer idade, desfrutar da sua companhia): rosa e verde;

Irmã (de qualquer idade, encontrar): púrpura e branco;

Irmão (maior de 12 anos, auxiliar): azul;

Irmão (maior de 12 anos, proteger): branco e púrpura;

Irmão (maior de 12 anos, saudável): branco;

Irmão (maior de 35 anos, auxiliar): amarelo e azul;

Irmão (maior de 35 anos, proteger): púrpura;

Irmão (maior de 35 anos, saudável): branco e laranja;

Irmão político (assegurar-lhe boa saúde): azul e laranja;

Irmão político (para ajudá-lo com problemas matrimoniais): rosa e branco;

Irmão político (para proteger economicamente): verde e rosa;

Invejoso (superar o medo de ser): amarelo;

Invejoso (superar sua tendência a ser): branco e amarelo;

Inversões (conservá-las saudáveis): verde e amarelo;

Investigação (ter sucesso numa): azul e branco;

Jovem (dar-se a oportunidade de voltar a ser uma criança): amarelo;

Júbilo (permitir sentir-se): rosa e amarelo;

Jogo (ganhar o jogo): verde;

Jogos de bola (ganhar o jogo): azul;

Jogos de bola (ser jogador numa equipe): branco e amarelo;

Jogar (ter a habilidade de jogar): amarelo;

Jogar apostando (aliviar sua tendência a apostar): púrpura;

Jogar apostando (com as finanças e ganhar): verde e azul;

Joguete (ter um, especial): vermelho e rosa;

Julgamento (renunciar ao medo de que alguém o ponha em juízo): branco;

Juízo (superar sua necessidade de fazer juízos): azul;

Juntos (estar): rosa;

Juramento (fazer e guardar um): amarelo;

Justiça (defender o que é justo): púrpura;

Justiça (superar seu medo de que nos faça justiça): branco;

Justiça (ver que se faça justiça): amarelo e cinza;

Justificar (superar sua tendência a justificar-se em lugar de afrontar a realidade): púrpura;

Justificar-se: púrpura e rosa;

Justo (ser): azul;

Juvenil (sê-lo): azul;

Juventude (conservá-la): rosa e laranja;

Karatê (aprovar seu exame de karatê): branco e azul;

Karatê (chegar a ser um experto em): amarelo;

Ladrão (apanhar um): vermelho e branco;

Lamentar-se (superar sua tendência a): amarelo e branco;

Lar (encontrar um): amarelo;

Lar (poder ir ao seu): branco e azul;

Lar (ter um): azul e verde;

Lastimar (evitar lastimar alguém): rosa;

Lastimar (superar sua tendência a lastimar-se): púrpura;

Lição (aprender uma): azul e amarelo;

Lição (superar sua tendência a dar a alguém uma lição como vingança): branco;

Lei (compreendê-la): amarelo e azul;

Lei (superar o medo da lei): púrpura e branco;

Livre (ser): verde;

Livros (escrever): amarelo e verde;

Livros (vender): azul e amarelo;

Licença (conseguir uma): amarelo;

Limitações (aliviar sua tendência a impor-se limitações): azul;

80 | O Poder Mágico das Velas

Limitações (conhecer as suas): amarelo e branco;

Limitações (superá-las): vermelho e amarelo;

Localizar (ter ajuda para localizar algo): amarelo;

Louco (aliviar sua tendência a atuar como um louco): azul e amarelo;

Lua cheia (diminuir os efeitos da): amarelo e branco;

Lua cheia (incrementar os efeitos da): branco;

Lucros (em benefício de outros): branco e vermelho;

Lucros (obtê-los por meio de outros): amarelo;

Lucros (obtê-los por mérito próprio): azul;

Lucros (pessoais): laranja e vermelho;

Luxos (ter): azul e verde;

Luxos (viver rodeado de): azul e rosa;

Mãe (assegurar-lhe boa saúde): azul e rosa;

Mãe (ajuda emocional): azul e amarelo;

Mãe (ajuda financeira): verde e azul;

Mãe (ajuda física): laranja;

Mãe (ajuda mental): amarelo e rosa;

Mãe (desfrutar da companhia da sua): amarelo e branco;

Mãe (chegar a ser): rosa;

Mãe (ter notícias da sua): amarelo;

Madrinha (ajuda espiritual): púrpura;

Madrinha (ajuda física): vermelho e azul;

Madrinha (ajuda mental): amarelo e azul;

Madrinha (ajuda emocional): amarelo e rosa;

Madrinha (ajuda financeira): azul e verde;

Madrinha (encontrar): marrom;

Madrinha de bodas (encontrar uma): amarelo;

Madrinha de bodas (ser): branco e amarelo;

Madrugador (ser): branco e vermelho;

Mestre (poder ser um mestre): amarelo;

Mestre (ter a paciência necessária para ser): azul e amarelo;

Mágicas (ter experiências mágicas): amarelo e púrpura;

Mágico (realizar um ato mágico): marrom e amarelo;

Mágico (ser): púrpura;

Magnânima (uma alma ou mente): branco;

Magnânimo (um espírito ou mente): branco e púrpura;

Magnético (ser): azul;

Magnetismo (possuir): amarelo e branco;

Magnífico (ser): amarelo;

Magnitude (ter): azul;

Mago (ser um): amarelo;

Magro ser): rosa e marrom;

Majestoso (ser): púrpura;

Malícia (superar sua tendência a agir com): branco e rosa;

Maliciosas (superar sua tendência a atuar com intenções): branco;

Malicioso (abandonar sua tendência ser): branco;

Mamãe (ter uma): rosa e amarelo;

Manchas na pele (aliviar sua tendência a ter): azul e amarelo;

Maníaco (superar sua tendência a ser um): amarelo;

Maníaco depressivo (superar o medo ao tratamento): amarelo;

Manifestar (materializar o que você quer): azul;

Manifestar-se (poder): azul e púrpura;

Manipulador (abandonar sua tendência a ser): amarelo e azul;

Mantra (acender uma vela branca quando realizar): branco;

Mártir (superar a necessidade de ser): branco e púrpura;

Meditar (desenvolver sua capacidade de): púrpura e azul;

Melhor (ser o): amarelo e azul;

Melhorar (a qualidade da sua relação): rosa;

Melhorar (a qualidade da sua vida): azul;

Melhorar (suas habilidades de comunicação): amarelo;

Melhorar (suas relações de trabalho): verde;

Memória (recordar as coisas que lhe foram úteis): amarelo;

Mente (aprender como usá-la): amarelo e branco;

Mente (estimular a): amarelo e azul;

Mentira abandonar sua tendência a dizer mentiras): azul;

Meta (lograr a sua): púrpura;

Medo (aliviar o medo do futuro): branco e púrpura;

Moderno (ser): azul;

Morrer (em paz cheio de bênçãos): púrpura e branco;

Mudança (poder pagar uma): verde;

Mudar-se (superar o medo de ter que): branco;

Mudar-se (superar sua excessiva tendência a mudar de casa): branco e amarelo;

Mudar-se (superar seu medo de): branco e azul;

Mudar-se (encontrar alguém que a ajude a): azul;

Morte (aliviar seu medo de deixar uma pessoa partir): branco e púrpura.

Morte (superar o conceito de que a morte é o fim): amarelo;

Morte (superar o medo da): branco;

Morte (superar a incapacidade de tratar temas da): branco;

Nascimento (aliviar o medo da dor): rosa.

Nascimento (superar sua tendência sentir dor): branco e rosa;

Narcisismo (reconhecer o seu): amarelo;

Narcisismo (superar sua conduta obsessiva): púrpura e azul;

Natural (ser): amarelo e marrom;

Natural (vincular-se com o natural): marrom;

Naturista (chegar a ser): marrom e verde;

Náufrago (encontrar um): branco e amarelo;

Navegar: azul;

Navegar (em rios e lagos): branco e azul;

Navegar (ter a oportunidade de fazê-lo): azul e branco;

Necessário (fazer o que é): vermelho;

Necessidade (Superar uma): branco;

Negativa (superar seu medo da realidade): laranja;

Negatividade (ajudar outros a sobrelevar a sua): laranja;

Negatividade (renunciar a sua tendência de ser): rosa;

Negativo (superar a tendência a ser): amarelo;

Negativo (superar o negativo): amarelo;

Negociar (estimular sua habilidade para): amarelo e azul;

Negociar (poder): vermelho e amarelo;

Negócios (aumentá-los): azul e verde;

Negócios (comprar): azul e verde;

Negócios (ter êxito): amarelo;

Negócios (vender): amarelo e verde;

Neurótico (superar sua tendência ser): amarelo;

Nicotina (renunciar à adição de tabaco): laranja e marrom;

Noite (superar medo de coisas que possam emergir da): amarelo;

Novidades (superar sua exagerada tendência a segui-las): branco;

Novidadeiro (criar algo): amarelo e vermelho;

Noiva (encontrar): azul e rosa;

Noivo (encontrar): rosa e azul;

Noivo (reconciliar-se com ele): branco e azul;

Obediente (ser): azul e branco;

Obeso (terminar com sua tendência a ser): rosa e marrom;

Objetividade (ter): azul e verde;

Objetivo (seguir um): amarelo e azul;

Objetivo (poder continuar sendo): azul e branco;

Obrigação (cumprir com a sua): amarelo e verde;

Obrigar (poder): rosa e azul;

Observador (desenvolver a habilidade de ser): amarelo;

Obsessão (superar sua tendência a sofrer obsessões): branco;

Obstáculos (superar sua tendência de colocar obstáculos em sua vida): branco e verde;

Obter (a relação perfeita): rosa e vermelho;

Obter (sucesso pelo esforço próprio): azul e amarelo;

Ocioso (superar o medo de ser): azul;

Ocioso (superar sua tendência a ser): amarelo e vermelho;

Odiar (aliviar o medo de): branco e negro;

Odiar (ajudar a superar o ódio de outros que convivem com você): amarelo;

Odiar (superar sua tendência a): amarelo e branco;

Ofender (superar sua tendência a ofender os demais): amarelo e rosa;

Ofensivo (não ser): rosa;

Oficina (ter uma): azul e amarelo;

Operação (fazer uma boa): amarelo;

Operação (sair bem de uma): azul e laranja;

Opinião (respeitar a opinião de outras pessoas): amarelo;

Opinião (ter uma opinião positiva): azul;

Opinião (ventilar a sua): amarelo;

Opiniões (aceitar as – dos outros): branco e amarelo;

Opiniões (para que outros aceitem as suas): amarelo e azul;

Oportunidade (aproveitá-las): amarelo e vermelho;

Oportunista (ser um): marrom;

Opressão (superá-la): azul e laranja;

Otimista (ser): amarelo e branco;

Ordem (ter ordem em sua casa): rosa e azul;

Ordem (ter ordem no seu trabalho): verde e azul;

Original (ser): branco e azul;

Pacífico (ser): azul;

Pacifista (ser): amarelo e rosa;

Pai (desfrutar da companhia do seu pai): rosa;

Pai (encontrar seu pai): azul e verde.

Pai (chegar a ser): rosa e azul;

Pai (superar problemas passados com o seu): púrpura e branco;

Pai (ter notícias do seu pai): amarelo;

Pai (ver seu pai): azul;

Pais (respeitar os pais): amarelo e branco;

Padrinho (encontrar um padrinho): marrom;

Pagar (poder pagar as dívidas): verde;

Pagamento (que lhe paguem): verde;

Pagamento (recebê-lo): azul e verde;

Pagamentos (negociação justa nos pagamentos de seguros, casa etc.): amarelo e azul;

Paraíso (viver num): branco e azul;

Passatempo (encontrar um): rosa e verde;

Paixão (sentir paixão pelo que faz): rosa;

Passivo (superar sua tendência a ser): vermelho;

Paz (fazer a): rosa;

Paz (viver em): rosa e azul;

Paz mental (obter): amarelo e azul;

Pechincha (lograr uma): azul;

Peleja (superar sua tendência a pelejar): branco;

Pelejar (poder): vermelho;

Pelejas (evitá-las): branco;

Perigo (aliviar sua tendência a envolver-se em situações de): amarelo;

Perigo (proteger um homem do): púrpura e branco;

Perigo (proteger uma mulher do perigo): púrpura e rosa;

Perigo (proteger uma criança do): rosa e branco;

Perigo (proteger-se do): púrpura;

Pensar (usar sua habilidade para pensar): amarelo;

Perceptivo (ser): azul ou também laranja;

Perder peso: verde e amarelo;

Perda (superar o medo da): azul;

Perda (superar sua tendência de culpar os outros por suas perdas): branco;

Perfeito (superar a necessidade de ser): rosa e azul;

Perspectiva (ter uma boa): rosa;

Persuasivo (ser): branco e amarelo;

Peso (baixar de): rosa e marrom;

Picada (aliviar a dor de uma picada animal): azul;

Praia (ir à): amarelo e verde;

Praia (viver numa): azul;

Político (ser): azul e cinza;

Popular (ser): rosa e amarelo;

Positivo (ser): azul;

Potencial (ter): branco;

Potencial (viver uma mentira): verde e azul;

Prático (ser): azul;

Precaução (atuar com): azul e branco;

Precavido (ser): azul e branco;

Preço (conseguir bons preços): amarelo e verde;

Precipitar-se (aliviar sua tendência a): branco;

Precipitar-se (por uma boa causa): vermelho;

Perguntas (ter respostas às): amarelo e laranja;

Prêmio maior (ganhá-lo): verde e amarelo;

Progredir: azul;

Promessa (poder pagar uma): amarelo e branco;

Promoção (obter uma): azul e amarelo;

Proprietário (ser): laranja;

Proprietário (superar seu sentimento de intimidação com o proprietário): amarelo e verde;

Proprietário (Ter acordos positivos com o): amarelo;

Prosperidade (ter): verde;

Projeto (poder terminar o seu): vermelho e azul;

Prudente (ser): verde e azul;

Prova (aprovar a): amarelo;

Psíquico (ser): amarelo e laranja;

Qualidade (na relação): rosa;

Qualidade (ter uma carreira de): azul e amarelo;

Qualificado (ser bem): amarelo;

88 | O Poder Mágico das Velas

Qualificar: Azul;

Quietude (ter): branco;

Radical (superar sua necessidade de ser): branco e marrom;

Rapidez (fazer coisas com): vermelho;

Raios X (obter resultados positivos na prova): branco;

Razão (superar sua tendência sempre ter): amarelo;

Razoável (ser): amarelo;

Realidade (conhecer a): rosa e azul;

Recomendação (obter uma recomendação positiva): azul;

Recomendar (a alguém): amarelo;

Reconciliação (ter a oportunidade para ter uma): rosa e azul;

Reconciliar-se (com seu parceiro atual): rosa e amarelo;

Reconciliar-se (com um velho amigo): azul;

Reconciliar-se (com um velho amor): rosa;

Reconciliar-se (com uma criança): branco e amarelo;

Reconhecimento (obtê-lo): verde e azul;

Recordação (encontrar uma recordação perdida): azul;

Recuperação (ter uma recuperação rápida): rosa e laranja;

Recuperar (um amor perdido): amarelo e rosa;

Repreender (superar sua tendência a): amarelo;

Relações (estimular sua habilidade para fazer): verde;

Remos (ter ambos os remos na água): amarelo e azul;

Renunciar (estar em posição de): verde;

Renunciar (poder fazê-lo a tempo): branco;

Reputação (positiva): azul;

Responsabilidade (ser mais responsável por seus atos): azul;

Revisão (passar por uma): verde;

Rico (chegar a ser): verde e amarelo;

Rifa (ganhar): verde;

Sabotagem (superar sua tendência a sabotar sua relação): rosa;

Salário (obter um aumento de): verde;

Saúde (mantê-la): amarelo;

Saudável (superar sua tendência a sofrer algum mal): rosa;

Segredo (poder guardar um): branco e azul;

Sequestrado (encontrar alguém que foi): amarelo e branco;

Sequestrador (encontrá-lo): púrpura e amarelo;

Sequestro (abandonar seu medo de sofrer um): amarelo e azul;

Sequestro, rapto (aliviar sua tendência a ser sequestrado): branco;

Segurança (superar seu temor de que esteja em jogo a sua): amarelo;

Seletivo (ser): amarelo e azul;

Sentimentos (voltar a experimentar certos): rosa e azul;

Simpático (ser): rosa;

Sinceridade (ser sincero): azul escuro;

Sem tato (superar sua tendência a atuar): branco;

Sistema nervoso (fortalecer seu): laranja;

Sociável (ser): amarelo;

Solidão (encontrá-la): branco e rosa;

Só (superar sua tendência a estar): rosa;

Solteiro (manter-se): branco e azul;

Sogra (assegurar-lhe boa saúde): azul e rosa;

Sogra (ajuda emocional): amarelo e rosa;

Sogra (ajuda financeira): verde;

Sogra (ajuda física): azul;

Sogra (ajuda mental): amarelo e branco;

Sogra (desfrutar da companhia da sua): rosa;

90 | O Poder Mágico das Velas

Sogro (assegurar-lhe boa saúde): azul e branco;

Sogro (ajuda emocional): amarelo e verde;

Sogro (ajuda econômica): verde;

Sogro (ajuda física): amarelo;

Sogro (ajuda mental): azul;

Sogro (desfrutar a da companhia do seu): rosa e branco;

Sogro (encontrar o seu): amarelo e rosa;

Sogro (ter boas notícias do seu): amarelo e branco;

Sorte (boa): amarelo;

Sorte (superar a necessidade de ter má): azul;

Tato (ter): branco;

Talento (superar seu temor do seu): amarelo;

Talento (ter): azul e verde;

Tangível (converter suas idéias em algo): amarelo;

Tarefa (facilitar a): amarelo;

Técnica (desenvolver uma nova): branco e amarelo;

Telepatia (usar a): amarelo;

Televisão (aparecer em): azul e branco;

Temperamento (controlar o seu): branco e rosa;

Ter (que superar uma necessidade obsessiva): amarelo e azul;

Ter (superar seu desejo de ter): amarelo e branco;

Terreno (para comprar um): azul e verde;

Terreno (para conservá-lo): laranja e azul;

Testemunha (obter uma): azul;

Tempo (ter tempo para viver): vermelho e branco;

Tolerante (ser): marrom;

Tomar: azul e amarelo;

Tomar (renunciar a sua tendência de): branco e amarelo;

Tomar posse de algo: negro e verde;

Torpeza (ignorar a torpeza de outros): rosa e branco;

Trabalho (encontrar): verde;

Trabalho (obter um): verde e azul;

Trabalho (superar o medo de perdê-lo): amarelo e azul;

Trabalho (ter boas condições de): branco e azul;

Trair (superar o medo de trair): branco e azul;

Tranquilizar-se: azul;

Triste (superar sua necessidade de estar): branco;

Triunfar (nesta vida): verde e rosa;

Ultimar (poder terminar as coisas): púrpura;

Útil (ser útil para os que o cercam): rosa;

Vaga (ter uma): azul;

Valente (ser): azul;

Valor (sentir-se seguro e capaz): vermelho e branco;

Valor (ter): vermelho e amarelo;

Valor (ver as coisas em geral com): branco e azul;

Vaidoso (superar sua necessidade de ser): rosa;

Vão, inútil (aliviar o medo de que seus esforços sejam vãos): azul e verde;

Vizinhança (viver numa bonita): rosa e branco;

Vizinho (dar-se bem com seus): branco e azul;

Vizinho (superar sua tendência de brigar com seus vizinhos): amarelo e branco;

Veículo (conseguir um): branco;

Veredicto (obter um veredicto positivo): azul;

Viajar (poder): azul e amarelo;

Vitória (obtê-la): azul e verde;

Visão (ter uma visão clara): amarela;
Viver (sua vida profissional com entusiasmo): amarelo;
Zoológico (ir ao): verde.

A influência da Lua

Em qualquer operação de tipo mágico e por consequência, também, as que se realizem com velas, é muito importante levar em consideração a influência da lua, utilizando as fases corretas e a sua localização na esfera do zodíaco, conforme o tipo de ritual que se queira celebrar.

Os rituais para assuntos que impliquem em crescimento, expansão ou desenvolvimento deverão realizar-se no período em que a lua está crescendo, desde a lua nova até a cheia, pois no tempo em que a lua cresce, também fará o mesmo o assunto em questão e a força crescente da lua impregná-lo-á em todo o seu desenvolvimento. Quanto mais próxima estiver a data da lua nova, melhor, pois, à medida em que se vai aproximando da lua cheia, seus poderes, nesta fase particular, vão debilitando-se e preparando-se já para a nova fase.

Os rituais para assuntos em que é desejado um decréscimo, uma diminuição ou a eliminação de algo, se realizarão durante uma lua minguante, isto é, a partir da lua cheia até o quarto minguante; pois, conforme a lua vai decrescendo, diminuindo ou "morrendo" assim sucederá também com o que você deseja que diminua ou "morra". Não utilize os 3 dias anteriores à data real da lua nova. Este período era denominado pelos antigos de "a lua escura" e durante ele as coisas não vão bem, inclusive podem dar resultado inverso, pelo que é melhor evitá-lo.

Muitos creem que outro período a ser evitado, na maioria dos casos, é o da própria lua cheia, a menos que se esteja realizando um ritual que tenha por finalidade a confusão, a desordem ou o caos. A lua cheia é um tempo de perplexidade em que as coisas podem parecer distintas de como realmente são.

É sabido desde muito tempo, que a lua cheia estimula e agrava muito das desordens mentais mais frequentes.

Lua minguante

É o lapso que transcorre desde a lua nova até chegar ao primeiro quarto da lua cheia. É o momento apropriado para realizarem os rituais de cura, de magia positiva e os feitiços que aumentam o amor, a boa sorte, o crescimento de qualquer tipo, o incremento do desejo sexual e da riqueza.

Lua cheia

O lapso da lua cheia aumenta os poderes de percepção extra--sensorial e é o momento apropriado para realizar as invocações da deusa lunar, os rituais da fertilidade, as transformações, as conjurações de espíritos e os feitiços que aumentam as habilidades psíquicas e os sonhos proféticos. De acordo com o antigo folclore europeu, o poder da lua cheia também pode transformar magicamente o ser humano em animal e o animal em ser humano.

Quarto minguante

É o lapso da lua cheia até o último quarto da lua nova. É o momento apropriado para realizar magia destrutiva e feitiços que eliminam as maldições, os feitiços e os maus desejos, para terminar as más relações, inverter feitiços amorosos e afrodisíacos, romper com os maus hábitos e acréscimos insalubres, desbaratar influências negativas e diminuir as febres e as dores.

A influência da Lua / Sígno

A lua em Áries: É o momento para realizar feitiços que impliquem autoridade, liderança, poder da vontade, empenhos guerreiros e conversões espirituais. Também é a fase lunar apropriada para realizar rituais de cura contra mal-estares do rosto, da cabeça ou do cérebro. Cores tradicionais das velas: vermelho, encarnado, escarlate, Borgonha. Metal tradicional: o ferro. Espíritos elementais: as salamandras.

A Lua em Touro: é o momento ideal para praticar qualquer tipo de magia para o amor e para realizar feitiços referentes a bens imóveis, aquisições de natureza material e dinheiro. Também é fase lunar adequada para realizar rituais de cura dos mal-estares da garganta, pescoço e ouvidos. Cores tradicionais das velas: todos os tons de verde, rosa ou turquesa. Metal tradicional: o cobre. Espíritos elementais os gnomos.

A lua em Gêmeos: É o momento ideal para realizar feitiços que ajudem a comunicação, mudanças de residência, escrever, atividades de relações públicas e viagens. Também e a fase lunar apropriada para realizar rituais de cura para mal-estares nos ombros, braços, mãos e pulmões. Cores tradicionais das velas malva, arroxeados, violeta. Metal tradicional: mercúrio. Espíritos elementais: as sílfides.

A Lua em Câncer: É o momento ideal para realizar rituais que honrem as deidades lunares e lançar feitiços relacionados com o lar e todos os aspectos da vida em família. Também é a fase lunar apropriada para realizar rituais de cura para mal-estares no peito e no estômago. Cores tradicionais das velas: prateada, cinza, branca. Metal tradicional: prata. Espíritos elementais: as ondinas.

A lua em Leão: É o momento ideal para realizar feitiços que impliquem autoridade, poder sobre outros, valor, fertilidade e nascimento. Também é a fase lunar apropriada para realizar rituais de cura contra mal-estares na parte superior das costas, na espinha dorsal ou no coração. Cores tradicionais de velas: dourado, amarelo e laranja. Metal tradicional: ouro. Espíritos elementais: as salamandras.

A Lua em Virgem: É o momento ideal para realizar feitiços que favoreçam aspectos do emprego, assuntos intelectuais, saúde e preocupações dietéticas. Também é a fase lunar adequada para que se possam realizar rituais de cura para mal-estares nos intestinos ou no sistema nervoso. Cores tradicionais das velas: azul marinho e laranja oxidada. Metal tradicional mercúrio. Espíritos elementais: os gnomos.

A lua em Libra: É o momento ideal para realizar feitiços destinados a trabalhos no âmbito artístico, à justiça, aos pleitos em tribunais, às associações e uniões, à estimulação mental e ao equilíbrio cármico, espiritual ou emocional. Também é a fase lunar apropriada para realizar os rituais de cura de mal-estares da parte baixa das costas ou dos rins. Cores tradicionais de velas: azul. Metal tradicional: cobre. Espíritos elementais: as sílfides.

A lua em Escorpião: É o momento ideal para realizar feitiços que ajudam em assuntos sexuais, o poder, o crescimento psíquico, os segredos e as transformações fundamentais. Também é a fase lunar apropriada para praticar os rituais de cura de mal-estares nos genitais e órgãos reprodutores. Cores tradicionais de velas: vermelho, negro. Metal tradicional: ferro. Espíritos elementais as ondinas.

A lua em Sagitário: é o momento ideal para realizar feitiços referentes aos cabelos, às viagens, às publicações, aos assuntos legais, às atividades desportivas e à verdade. Também é a fase lunar em que se podem realizar rituais de cura de mal-estares no fígado, nos músculos e nos quadris. Cores tradicionais de velas: púrpura, azul escuro. Metal tradicional: estanho. Espíritos elementais: as salamandras.

A lua em Capricórnio: É o momento ideal para realizar feitiços que impliquem na organização, na ambição, no reconhecimento, nas carreiras profissionais e nos assuntos de política. Também é fase lunar apropriada para realizar rituais de cura para mal-estares nos joelhos, nos ossos, nos dentes ou na pele. Cores tradicionais das velas: negro, marrom escuro. Metal tradicional: o chumbo. Espíritos elementais: os gnomos.

A Lua em Aquário: É o momento ideal para realizar feitiços que tenham a ver com a ciência, a liberdade, a expressão criativa, a resolução de problemas, as habilidades extra-sensoriais, a amizade e o abandono dos maus hábitos ou adições insalubres. Também é a fase lunar apropriada em que se podem realizar rituais de cura de mal--estares nas panturrilhas, nos tornozelos ou no sangue. Cores tradicionais das velas: o azul claro. Metal tradicional: o urânio. Espíritos elementais: as sílfides.

A lua em Peixes: É o momento ideal para realizar feitiços que envolvam o trabalho com os sonhos, a clarividência, a telepatia, a música e as artes criativas. Também é a fase lunar apropriada para realizar rituais de cura de mal-estares nos pés ou nas glândulas linfáticas. Cores tradicionais das velas: água marinha e lavanda. Metal tradicional: o estanho. Espíritos elementais: as ondinas.

Os dias da semana

Além da Lua, também se deveria levar em consideração, o dia da semana. Cada dia tem ima cor, um planeta e uma série de correspondências mágicas. Não é obrigatório praticar os feitiços nestes dias, mas se puder fazê-lo, melhor.

Domingo

Planeta: Sol.
Cores: amarelo, ouro e alaranjado.
Tipo de atividades: saúde, carreiras, ambição, diversão, drama, lei, promoções, triunfo, metas, financiamentos pessoais, Deus, os mistérios do homem, as crianças ou filhos, compras, especulações, vendas.

Segunda-feira

Planeta: Lua
Cores: branco, prata e cinza
Tipo de atividades: psicologia, sonhos, projeção astral, imaginação, mistérios das mulheres, reencarnação, viagens curtas, mulheres, filhos ou crianças, o público, preocupações, emoções, fluidos, magia, espiritualidade, todas as coisas pertinentes à água e aos corpos da água, projeto de viagens, iniciação, Astrologia, experiências religiosas.

Terça-feira

Planeta: Marte.
Cores: vermelho, rosa e alaranjado.
Tipo de atividades: paixão, coragem, ação, energia, agressão, sexo, energia física, desportos, atividade muscular, metais, armas,

ferramentas cortantes, cirurgia, polícia, soldados, combate, confrontações, negócios comprando e vendendo, animais, coisas mecânicas, reparar jardins, caça, princípios.

Quarta-feira

Planeta: Mercúrio.
Cores: violeta e prata.
Tipo de atividade: sabedoria, cura, comunicação, inteligência, memória, educação, chamadas telefônicas, computadores, mensagens, estudantes, mercado, editar, escrever, vizinhos, firmar contratos, crítica, música, artes visuais, contratar empregados, aprender idiomas, astrologia, visitar amigos.

Quinta-feira

Planeta: Júpiter.
Cores: azul e cores metálicas.
Tipo de atividades: negócios, lógica, problemas sociais, poder político, publicações, religião, viagens longas, filosofia, publicidade, crescimento, sorte, desportos, expansão, cavalos leis, doutores, psicólogos, caridade, ler, estudar, buscar.

Sexta-feira

Planeta: Vênus.
Cores: verde, rosa e branco.
Tipo de atividades: amor romântico, beleza, amizade, almas gêmeas, artístico, habilidade, harmonia, afeto, relações, companheiros, alianças, graça, atividade social, matrimônios, decorações, cosméticos, presentes, jardins, crescimento, arquitetura, artistas, estilistas, bailarinos, desenhistas, música, entrevistas, pintar, decorar lares, comprar e planejar festas.

Sábado

Planeta: Saturno.
Cores: negro, cinza e vermelho.
Tipo de atividades: proteção, neutralização, carma, morte, manifestação, realidade, leis da sociedade, limites, obstáculos, provas, trabalho difícil, dentistas, ossos, dentes, sacrifício, separação, justiça, matemática, testamentos, financiamentos, descobrimentos, transformações, relações com gente mais velha.

Consagração

Todas as velas, quer sejam as que tenha comprado numa loja, quer as tenha fabricado você mesma, devem vestir-se antes de serem usadas. É conhecido com "vestido" o processo de limpeza e consagração. Para isto necessitará de algum tipo de azeite.

Alguns usam azeites especiais como o Azeite da Sorte ou o Azeite do Amor. Estes azeites são feitos com ervas, flores e outras substâncias, tendo como base o azeite de oliva ou outros azeites vegetais. O azeite animal normalmente não se usa, devido às impurezas que podem resultar em consequência da matança.

Na realidade, porém, o Azeite da Sorte ou o Azeite do Amor não são mais do que nomes comerciais. Você mesmo pode fazer azeite que preferir ou melhor pode comprá-los em qualquer casa de artigos ocultistas ou pela internet. Caso não tenha acesso a nenhuma destas possibilidades, sempre pode utilizar azeite de oliva comum ou de açafrão.

O azeite de milho também é bom, especialmente se deseja algum tipo de fertilidade, colheita ou de abundância em sua vida. Todos os azeites devem ser consagrados ao Ser Supremo antes de serem usados, ou seja, que o chame Deus, Deusa, Poder Universal, ou qualquer outro nome que utilize para designá-lo.

Se o que deseja é atrair algo para si, deverá friccionar a vela com o azeite num movimento a partir de ambos os extremos da vela até o centro. Primeiro, a partir de cima para o centro, em seguida da base ao centro. Se o que deseja é repelir algo, deverá inverter o processo, friccionando do centro da vela até os extremos. Nunca faça movimentos para trás e para diante, já que isso anula a totalidade do ato. Quando tiveres completado o processo, unge teu rosto, no espaço entre as 2 sobrancelhas com um pouco do azeite restante e o centro do peito sobre o esterno. Enquanto realiza a consagração da vela pode expressar alguma fórmula adequada como: Limpo e consagro esta vela em nome de Deus, para que se consuma com força ao serviço da Luz.

A seguir, declare o propósito a que venha destinar a vela. Quando escrever na vela, deverá usar o mesmo procedimento direcional.

Para trazer coisas para si, escreva desde cima até o centro e a seguir, desde a base até o centro da vela. Se está repelindo algo, deverá escrever desde o centro até os extremos.

A linguagem das velas

Desde os tempos ancestrais, as características das chamas das velas e antes dos cândis, em certos momentos especiais, eram consideradas como presságios e indícios claros de acontecimentos que de outro modo teria sido impossível saber. Estes conhecimentos, por muitos considerados como meras superstições, fazem parte do folclore de todos os povos da terra. No geral, podemos dizer que quando a chama se mostra clara, brilhante, nítida e de um tamanho normal ou maior do que o normal, é sinônimo de bom augúrio e nos indica que o assunto consultado ou que o tema que nos interessa vai pelo bom caminho e que as coisas estão desenvolvendo-se bem. Quanto maior, mais clara e tranquila for a chama, melhor será o prognóstico ou a indicação que nos está transmitindo.

Não obstante uma chama pobre, baixa e trêmula, pressagiará dificuldades, sofrimentos, demoras, problemas ou enfermidade, conforme seja o tema que nos interessa. Quando a vela crepita ou mostra uma agitação anormal nos estará indicando violência, paixões negativas e talvez, inclusive um ódio que pode causar ou gerar consequências físicas perniciosas, se a vela chora anormalmente, é sinal de tristeza e penas.

A fumaça escura é outro indício negativo. Vem a indicar sofrimentos, maldade, vícios, enganos ou fingimentos. E quando se apaga a vela, estamos diante de uma clara indicação de fatal desenlace. A seguinte relação pode servir de guia:

Abandono: a chama arde com debilidade e frequentemente se apaga.

Aceitação: a chama é nítida e cresce.

Acertar: é limpa e aumenta de tamanho.

Achado, descobrimento: o fogo é limpo, claro e cresce em sentido ascendente.

Agressão: a chama crepita e às vezes acende fumaça escura.

Ambição: a chama dobra o seu tamanho.

Amizade: Arde bem. A chama é clara e aumenta seu tamanho se este sentimento vem a ser duradouro.

Amor: A chama pega sem dificuldades ao primeiro impulso. Será nítida e acenderá com força se o amor vem a ser correspondido.

Angústia: a vela chora, desprende fumaça escura ou pode crepitar.

Animais: Antigamente, quando um animal ficava doente, acendia-se no estábulo uma vela consagrada a Santo Antônio Abade. Se a vela se apagava antes de ter-se consumido, era sinal de que o animal iria morrer.

Aprovar: a chama é clara e cresce em sentido ascendente.

Avareza: a chama crepita, consome-se rapidamente e na ponta da mecha acumulam-se bolinhas de gordura. Pode dar voltas em forma de espiral.

Boda: Acende sem problemas, dobra seu tamanho nitidamente e inclusive chega a apresentar tonalidade mais brilhante na extremidade.

Bondade: a chama é clara e cresce. No centro adquire uma coloração azulada.

Boa saúde: chama nítida e aumentando de tamanho.

Cárcere: A chama solta fumo negro. A vela chora e pode chegar a apagar-se.

Compra: Quando anuncia uma boa aquisição, a chama é boa límpida e crescente.

Confirmar: A chama é resplandecente e dobrará sua dimensão rapidamente.

Curar: A chama é limpa acende ao primeiro impulso e crescerá.

Demora: Arde com debilidade, chegando inclusive a diminuir de tamanho.

Desconfiança: Pode crepitar ou desprender fumaça. Algumas vezes se moverá em forma de espiral.

Deslealdade: baixa e oscilante.

Desgraça: A chama chora, solta fumaça negra ou chispas.

Desilusão: Quando o fogo da vela crepita, é indício de uma próxima desilusão.

Diminuir: A chama mingua de tamanho. Quando se apaga, significa que haverá perdas importantes.

Dor: A vela chora, desprende fumaça escura ou crepita.

Enfermidade: chora, solta fumaça escura ou crepita.

Engano: desprende fumaça escura, dá voltas em espiral e às vezes se apaga.

Espírito: sempre se acreditou que se a chama da vela se alongava muito, havia um espírito positivo na habitação.

Exame: Se o resultado é bom, a chama cresce rapidamente.

Êxito: quando a ponta da mecha de onde nasce a chama, põe-se a brilhar, é indício de êxito. Se este brilho dura muito tempo, o êxito será prolongado, mas se apagar-se logo, será de curta duração. Se a chama arde lentamente e é de curta altura indica-nos que nossos projetos não se verão coroados pelo êxito.

Fama: a chama aumenta suas dimensões e é muito clara.

Favor obtido: cresce nitidamente.

Felicidade: a chama dobra sua magnitude e o final da mecha adquire um tom mais brilhante.

Fingimento: desprende fumaça escura, crepita e inclusive se apaga.

Gravidez: o fogo é limpo, claro e cresce em sentido ascendente.

Herança: a chama, tomará o primeiro impulso, crescerá nítida e dobrará o seu tamanho.

Indecisão: a chama arde com debilidade e oscila.

Indiscrição: desprende fumaça negra e crepita.

Ineficácia: arde languidamente e às vezes se extingue.

Infertilidade: pode não ascender no primeiro impulso, a chama fica excessivamente baixa e com frequência se apaga.

Infidelidade: a vela chora, crepita ou desprende fumaça negra.

Insolvência: a chama arde fraca e a miúdo se apaga.

Juízo: Quando anuncia resultados felizes cresce nitidamente.

Longevidade: a chama dobra seu tamanho e é nítida.

Loteria: se se consegue um prêmio, a chama aumenta de volume em sentido ascendente de forma muito rápida.

Luto: o extremo da vela acumula óleo. A vela extingue-se anunciando a morte que chega.

Maldade: crepita, solta fumaça escura e oscila.

Matrimônio: Tradicionalmente se acreditava que se na cerimônia do matrimônio se apagasse uma vela do altar, o matrimônio acabaria mal.

Mentira: A chama lança chispas ou desprende-se muita fumaça escura.

Medo: os mesmos indícios.

Mudança: A chama é nítida e aumenta de tamanho se a mudança é para o bem.

Nascimento: o fogo aumenta e é claro e brilhante.

Ódio: desprende fagulhas e a fumaça é negra.

Paciência: queima-se a chama nitidamente e com brilho, mas não aumenta de tamanho.

Perigo: a chama crepita, a vela chora ou desprende fumaça negra e até pode extinguir-se. Quando a chama, por repetidas vezes cai e se eleva, também se considera que nosestá indicando um perigo.

Penúria: arde com debilidade e por vezes se apaga.

Perda econômica: a vela chorará ou soltará fagulhas.

Perda: desprende fumaça negra, diminui seu tamanho e pode apagar-se.

Perdão: a chama é nítida e aumenta de dimensão.

Perecer: o extremo da mecha acumula gordura. A vela apaga-se ou chora.

Pleitos, pelejas: a vela crepita, solta fumaça negra ou extingue-se.

Roubo: a chama desprende chispas, fumaça negra ou move-se formando uma espiral.

Saúde: Para saber a respeito do estado de saúde de uma pessoa ausente, toma-se uma vela branca em que antes, se escreve o nome da pessoa. Depois de fazer uma oração, observa-se detidamente a chama. Se ela é forte e serena a saúde da pessoa é boa. Se é fraca ou inquieta, indica enfermidade ou transtorno físico. Se a chama apagar-se, o presságio é muito ruim.

Segredo: a chama arde muito baixa.

Sucesso: é nítida e amplia-se, se é que o assunto vem a ser bem-sucedido.

Suicídio: a vela chora e apaga-se.

Tormentas e chuvas: Os camponeses franceses acreditavam que quando a vela não se acendia, é que estava chegando uma tormenta. E se a chama da vela crepitava, significava que seguidamente cairiam raios. Por outro lado, se uma vela acesa se consumisse sem gotejar cera, significava a chegada de um período de estiagem.

Trabalho: se a chama acende-se com nitidez, vai conseguir o emprego.

Traição: se a chama da vela se move em forma de espiral ou dando contínuas voltas, estará indicando-nos que devemos ter cuidado com algumas pessoas do nosso entorno porque nos podem trair.

Tristeza: é baixa e em ocasiões chora.

Vingança: com fumaça escura e crepita.

Vício: muita fumaça escura ou crepitações.

IV

O Essencial

O imenso poder do subconsciente

Mais além da mente consciente, que é a que estamos utilizando para ler estas linhas e a que todos usamos habitualmente em nossos afazeres diários, há uma parte de nós mesmos, de que não nos costumamos aperceber-nos, a que lhe foi dado chamar de mente subconsciente.

De acordo com o que afirmam distintas corrente filosóficas, de cerca de cem ou mil anos até, esta parte de nós sabe de tudo, conhece tudo e, portanto, pode predizer tudo. O tempo e o espaço não têm sobre ela o mesmo rígido domínio que exercem sobre nosso corpo ou sobre nossa mente consciente.

Conforme o psicólogo suíço, Carl Gustav Jung, a mente subconsciente está em contato permanente com o subconsciente coletivo: um vasto depósito onde se acumulam todos os conhecimentos, toda a sabedoria e todas as experiências da humanidade, desde os primeiros povoadores desta terra até nossos dias. A sossegada contemplação da luz de uma vela pode apanhar na superfície e trazer à consciência conhecimentos aos quais usualmente não temos acesso, pois nós, os seres humanos, fomos construídos de uma forma que entre a mente consciente e a subconsciente existe uma barreira bastante difícil de franquear e o tipo de vida ocidental, totalmente voltado para o exterior e que despreza os tênues sinais que usualmente nos chegam do lado subconsciente (em forma de sonhos, premonições, intuições etc) não fez senão reforçar infinitamente a referida barreira. O fato, porém, é que estes conhecimentos inconscientes estão por aí, muitas vezes, dir-se-ia que forçando por sair, tão somente à espera de que aquietemos a mente consciente, nos apartamos por um momento do ruído mundano e olhemos, ainda que seja timidamente, para o nosso interior. E as velas são um instrumento muito útil para facilitar o afloramento dos referidos conhecimentos.

> *"Tudo quanto na terra existe, tem sua etérea contrapartida acima da terra; e nada há no mundo, por insignificante que pareça, que não dependa de algo superior. E o maravilhoso é que quando o inferior age na devida forma, sua correspondente parte superior, que o preside, reagirá a isto e atuará por sua vez. "*

Este é o princípio de toda a magia, representado pela frase da Tábula Esmeralda *"como é em cima é em baixo."*

Se dirigir com sua mente consciente a luz de uma vela para que ilumine, ajude, guie ou cure outra pessoa, sempre que realizar este ato devidamente, tenha por seguro que a Luz Primordial, essa Luz que não é deste mundo, responderá a esta sugestão sua e iluminará, ajudará, guiará ou curará a pessoa em questão. Naturalmente que esta luz não pode dirigi-la com sua mente consciente, todavia, seu trabalho consciente realizado de forma adequada, porá a caminho, as forças subconscientes, que certamente tem contato e acesso a referida Luz Primordial. Com ser humano, você é muito mais poderoso do que imagina, pois tem a capacidade de criar, utilizando o poder da sua mente subconsciente. Sua capacidade de criar é vasta e ilimitada. De fato, este poder já está atuante, só que de uma forma descontrolada, pois você não é consciente dele. Agora, depende de você deixar que siga trabalhando sem supervisão, possivelmente, prejudicando a você e aos demais.

A magia não é outra coisa senão entender e controlar o dito poder. Não é outra coisa senão instruir sua mente subconsciente e usar o seu imenso potencial. Esta é a chave de tudo. Só tem que enfocar sua mente consciente sobre a luz da vela, de forma que seu subconsciente receba o estímulo necessário para pôr-se em funcionamento. Parece fácil, mas é um caminho que não está isento de perigos. Por isso é importante que leia e siga os simples passos que lhe indico a seguir.

Princípios básicos

Já que usa as velas com uma finalidade devocional, meditativa ou mágica, é sempre conveniente que leve em conta o que segue:

1º Deverá ter claro o motivo pelo qual vai utilizar as velas. Muitos rituais não logram a finalidade para que foram realizados, simplesmente porque ela não estava clara na mente do oficiante. Recorde sempre que está trabalhando com sua mente consciente a fim de lograr alguns resultados através da sua mente subconsciente. Se sua mente se encontra num estado de confusão, é pouco provável que consiga algo satisfatório. Deverá afrontar todas as dúvidas e todos os medos, um a um e deverá substitui-los por pensamentos positivos. Quando realizar o ritual com velas, deverá saber exata e claramente o que você quer e além de tudo, deverá estar seguro de que vai ter êxito. A mente deverá estar tranquila e totalmente segura de que vai ter êxito. Só assim, receberá o subconsciente a sugestão de que precisa para pôr-se a atuar. Lamentavelmente não se podem dar ordens diretas. Apenas atende às sugestões indiretas, mas elas devem ser claras e positivas.

2° Assegure-se de que o ato que vai realizar é para o maior bem de todos os implicados. Qualquer operação que possa prejudicar alguém, está totalmente proibida e seus resultados nefastos reverterão inevitavelmente sobre a pessoa que o realize, ainda que multiplicados. Alguns consideram que, inclusive para beneficiar outros, é imprescindível obter antes, o consentimento das referidas pessoas. Eu opino que uma simples oração, antes de começar pedindo proteção para si e para todos os envolvidos é suficiente.

3° Planificação e preparação do ritual. A intenção e a finalidade do ritual ditarão a forma que ele deve tomar e os instrumentos necessários. Por exemplo: Quantas velas serão usadas? De que cor? Qual será o melhor momento? Fazer uma lista antes de começar é uma boa idéia, a fim de ter tudo preparado a seu tempo. As pessoas muito versadas nas artes mágicas consideram que além da cor das velas a serem utilizadas, é de vital importância escolherem escrupulosamente a data e a hora em que se realizará o ritual, do mesmo modo que o planeta, o signo astrológico, o Arcanjo protetor e o Selo do mesmo, a cor da roupa do oficiante, o perfume a utilizar e inclusive a orientação exata na qual se haverá de realizar o ato. Sem dúvida, quanto maior for a preparação e mais trabalho se realize na mesma, maior força terá a sugestão recebida pelo subconsciente. Não obstante, na minha opinião pode-se realizar um ritual efetivo, com muito maior simplicidade, sempre que seguir os passos que lhe indico. Tão somente será necessário limpara a mente antes, realizando um pequeno relaxamento para libertar-se que o tenham

mantido ocupado assim como do diálogo interior. Não é bom levar a cabo uma operação mágica com velas, estando distraído, aborrecido ou sentindo-se mal fisicamente. Não é provável que um ritual tenha êxito se sua mente está cheia de pensamentos a respeito do seu cotidiano. É de vital importância que dedique um momento a relaxar-se e a apartar todos os pensamentos que não estejam relacionados com a intenção do seu ritual. Ao mesmo tempo, tudo o que ajude a criar um ambiente de paz e tranquilidade será positivo. Incenso, luz tênue, música agradável e suave, um vaso de cristal transparente com água e qualquer outra ajuda que contribua para relaxar-se e dar-lhe segurança, será valiosa.

4° A execução. Tendo estabelecido claramente o que está aponto de fazer, como vai fazê-lo e porque vai fazer, a execução do ritual deveria ser um acontecimento relaxado e feliz, livre de pensamentos negativos, de dúvidas e de problemas derivados da falta de planificação. Se surgir algum imprevisto não se assuste, evolua a situação e observe se vale a pena seguir adiante ou deixá-lo para uma ocasião mais propícia. A todo momento procure sempre estar muito atento aos sinais e indícios que lhe possam chegar do seu interior. Esse conhecimento direto é o mais valioso e real.

5° Das graças. Uma vez concluída a meditação, a petição de ajuda, a visualização ou o trabalho que for, deverá apagar a vela e em seguida fazer uma oração de agradecimento.

Conselhos práticos

1. Quando se tratar de petições ou trabalhos diferentes, é aconselhável utilizar cada vez uma vela distinta. Dizendo de outro modo, não é lícito empregar a mesma vela para obter diferentes graças ou auxílios. Cada cerimonial requer uma vela própria, ainda que casualmente, as cores indicadas sejam as mesmas.
2. A forma da vela não é relevante. Sua aparência externa não é determinante, no que se refere ao êxito da cerimônia, já que este dependerá mais concretamente da sua entrega, do recolhimento e da concentração.
3. Aconselha-se acender a vela com um fósforo de madeira e apagá-la afogando a chama no interior de um copo ou com um dispositivo existente para este fim. Não é bom apagá-la com os dedos e muito menos soprando.
4. Do mesmo modo que nossas realizações profanas: leitura, televisão, trabalho etc. costumamos dispor dos espaços adequados para tais atividades, é conveniente realizar o trabalho com as velas num lugar propício, o mais afastado que se possa do ruído e que estimule o recolhimento. Pode realizar-se o ritual num altar mais ou menos improvisado, que pode ser qualquer mesa ou superfície plana sobre a qual se depositarão os elementos físicos a serem usados. No caso da referida mesa ou superfície ter normalmente outros usos, deverá cobrir-se com um pano ou toalha, a fim de proteger o magnetismo a que será exposta posteriormente.

Seria recomendável uma toalha de algodão ou de outra fibra natural, que se utilizará somente para este mister. Se no momento de iniciar a cerimônia, dermos falta de uma vela de uma cor determinada sempre podemos recorrer a uma branca. Não obstante, uma vela branca nunca se poderá substituir por uma de cor.

5. Uma vez tenha terminado, guarde as coisas. Se está utilizando um altar temporal, deverá guardar todos os implementos usados. Os motivos para isto são 2. Por um lado, nunca é bom deixar estas coisas à vista de outras pessoas e por outro, o fato de recolher os implementos e guardá-los, atua como um fecho, é um "voltar à realidade."

V

Rituais e feitiços populares com velas

Para libertar-se do mau olhado

Toma 3 velas de cera branca, coloca-as formando um triângulo pequeno e situe no centro uma cabeça de alho. Deixe que se queimem totalmente as 3 velas e logo enterre a cabeça de alho longe da sua casa. Repita a operação cada sexta feira, pelo menos durante um mês.

Feitiço para atrair dinheiro

Pegue uma cédula de curso legal nova e deixe cair nas 4 pontas e no centro um pouco de cera derretida de uma vela verde que previamente tenha sido acesa. Em cada ponta, sobre a vela ainda quente, porá um pouquinho de tomilho e no centro da célula, 2 folhas de louro fresco cruzadas em forma de aspa. Enrole a cédula e ao redor dela, amarre um cinto de seda verde. A seguir, ponha-a onde se guarda o dinheiro; se é um negócio, no cofre, se for sua casa, no bolso ou no local onde tenha o dinheiro. É bom que se faça quando a lua está em quarto crescente.

Um feitiço para fazer que se cumpra qualquer desejo

Para conseguir que se cumpra qualquer coisa positiva que deseje, tome uma agulha de costura, uma linha vermelha, um lenço branco, um pouco do seu incenso favorito e uma vela branca. Acenda a vela e o incenso à meia noite da lua cheia. Passe o lenço sobre a fumaça do incenso e pensa naquilo que deseja ver realizado. Com a linha vermelha, borde qualquer desenho sobre o lenço dizendo:

"Com cada ponto bordo este encantamento. Com este fio me enfeitiço firmemente. Que meu desejo comigo esteja enquanto pronuncio este conjuro. "

Repita 3 vezes o encantamento, apague a vela e o incenso, deixe o lenço em baixo do seu travesseiro e espere um sonho profético relativo ao seu desejo. Se for necessário, repita o feitiço no próximo mês lunar.

Rituais fáceis para pensar claramente

Ao aproximar-se um exame importante que tem de fazer ou algum trabalho intelectual que deva ser realizado, o seguinte a ajudará o estudar, memorizar e ter a mente clara. Unte uma vela amarela com um pouco de azeite de lavanda e de oliva, a seguir perfume-se com uma gota de cada azeite nas têmporas. Ponha uma pluma branca, amarela ou azul na pele. Acenda o incenso de sálvia e passe o lápis ou polígrafo pela fumaça. A seguir feche os olhos por um instante e invoque seu anjo para que o ajude nesta tarefa. Depois abra os olhos e trabalhe. Utilize a vela como ponto focal da sua resolução. Sua mente vai ficar tão clara e brilhante como esta chama. Ao mesmo tempo pode usar alguma destas cartas do tarô cm talismã: O Mago, o Ás de Espadas, ou o quatro de espadas.

Para melhorar a comunicação com uma pessoa próxima

Com frequência, os conflitos nas relações humanas são causados por problemas de comunicação. Para solucionar alguma dificuldade deste tipo acenda 2 velas brancas enquanto pensa no seu amigo ou familiar inimistado. Imagine que uma chama de luz protetora rodeia a pessoa em questão e outra chama igual o rodeia. A seguir visualize como ambas as chamas se aproximam uma da outra e convertem-se numa só, muito brilhante, que os contém a ambos no seu interior. Depois fique em paz durante um instante e faça uma oração de agradecimento. A partir desse momento, trate de falar com a outra pessoa, mas fique atento a ela, pois com toda segurança, realizará um movimento de aproximação.

Antigo feitiço para atrair amor para sua vida

Necessitará de uma vela rosada, uma colherinha de amêndoa em pó e uma colherinha de água de rosas. Durante a noite que precede lua cheia, acenda a vela e relaxe-se. Unte a base da vela com o pó de amêndoas e a água de rosas, dizendo:

"Cálida vela rosada, traz o amor para minha morada. Amêndoas que rodeiam tua chama, apontai ao coração de quem me ama. Rosas fragrantes, cumpri meus desejos num instante. "

Olhe a vela durante um momento sem pensar em nada especial. Tente desenfocar a vista. Se não conseguir, não se preocupe, simplesmente olhe a chama mantendo a mente vazia. Provavelmente perceba a imagem de um novo amor no fogo ou talvez alguma idéia estranha ou alguma pessoa lhe venha nesse momento à mente. Permita que a vela se consuma por completo e aguarde pelo menos um mês lunar para repetir o feitiço.

Feitiço para curar o pé de atleta

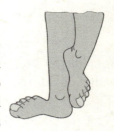

Ponha no fogo um litro de água e acrescente-lhe 30 gotas de azeite de alecrim. Ou melhor, ferva durante 3 minutos um punhado de folhas de alecrim. A seguir acenda uma vela vermelha e mergulhe durante 10 minutos, os pés na água quente. Enquanto faz isso, visualize como os fungos vão desprendendo-se, do mesmo modo que a cera da vela vai consumindo-se. Ao terminar seque os pés, atire a água no esgoto e apague a vela. Este procedimento deverá ser realizado 2 vezes ao dia, durante 5 dias. Sempre com a mesma vela.

Banho de limpeza com lavanda

Este feitiço lhe servirá para refrescar e limpar seu corpo e sua mente. Comece traçando um círculo em seu quarto de banho e invocando os 4 elementos para que te protejam e te ajude, depois acenda uma vela de cor lavanda e num saquinho de musselina, misture uma colherinha de flores de lavanda, uma colherinha de flores de maçã e uma colherinha de alecrim seco triturado. Coloque o saquinho em baixo da torneira e deixando correr a água através dele, encha a banheira. A seguir acrescente à água, meia xícara de suco de limão, banhe-se relaxadamente e realizando 3 respirações profundas, elimine toda a tensão e o estresse que haja em teu corpo. Sinta como as ervas e o limão penetram no seu organismo e enchem sua mente. Saia da banheira, enxuga-te, faça uma oração de agradecimento e apague a vela. Finalmente, limpe bem a banheira para eliminar qualquer resto de energia negativa.

Feitiço com o tarô para encontrar um novo amor

Para atrair um novo amor à sua vida, unte uma vela rosada com azeite de rosas e logo unte a si mesma com um pouco de azeite. Coloque diante da vela um quartzo rosa e da esquerda para a direita, ponha diante do quartzo, o ás de copas, o pajem de copas e a carta dos Enamorados ou dos Amantes.
Concentre-se em sua respiração, acenda a vela e diga 3 vezes:

"Doce Amor, vem a mim. Ergue teu véu, pois quero ver-te a ti."

Tendo muito cuidado em não pensar em nada em particular, imagine o suave e romântico início de um novo amor. Após 15 minutos apague a vela e vá. Este feitiço de iniciar-se na primeira sexta-feira posterior à lua cheia e levar a cabo até a lua nova, deixando que a vela se consuma por completo, durante a última noite.

Outro para atrair amor

Para esta velha técnica de namoro são necessárias 3 velas de diferentes cores, mas de igual tamanho e um retrato da pessoa amada (na sua falta podem ser usados objetos pessoais da mesma). Numa das velas se marcará a inicial da pessoa que realiza o rito, por meio de uma colher ou similar, noutra vela se marcará a inicial da pessoa amada e na outra não se marcará nada. Uma vez que estejam as velas marcadas, far-se-á um triângulo com uma vela em cada vértice, de modo

que a vela não marcada aponte para o norte, a vela do "praticante" ao Oeste e a vela do/a amado/a ao Leste. Uma vez feito isto, colocaremos o retrato do/a amado/a no centro do triângulo, apontando para o Norte, (a vela não marcada) e passaremos a acender as 3 velas, começando pela do Norte e acabando pela do Oeste. Quando as 3 velas se tiverem consumido inteiramente, retiraremos o retrato e o feitiço haverá sido realizado.

Para ter uma boa viagem

Na véspera de iniciar uma viagem que se apresenta com dificuldades ou perigo, você fará um círculo com grãos de café e no interior do círculo porá 4 velas de cor malva, entre a 4 velas malvas, porá 3 velas azuis se se tratar de um homem ou 3 velhas vermelhas se é uma mulher. E no centro uma vela dourada em que gravará a palavra viagem. As velas têm que queimar até a metade. Quando chegarem na metade, apague e ponha-as numa bolsinha de tecido branco com uma folha de samambaia, uma moeda de cobre e uma pena de ave da cor branca. Feche a bolsinha com linha branca e ponha-a no seu equipamento de viagem. No final da viagem, quando voltar, faça uma oração de agradecimento e jogue a bolsa no lixo.

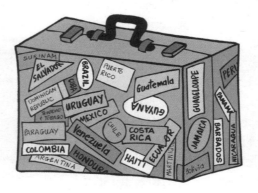

Para que se cumpra qualquer desejo

Para lograr o cumprimento de qualquer desejo, sempre que for justo e não prejudique ninguém, visualize-se fazendo aquilo que desejaria fazer. Depois acenda uma vela muito pequena e entoe 9 vezes a seguinte frase:

"Há uma coisa que desejo, uma coisa que quero para mim e é..."

A seguir, continue com a visualização da maneira mais viva e detalhada que seja capaz. Depois apague a vela com os dedos e sinta como a energia da chama se esparge pelo universo, levando com ela o seu desejo. Visualize como esta energia vai condensando-se nos planos mais elevados da existência, até que finalmente, chega a materializar-se no mundo físico. A seguir, faça uma oração de agradecimento e deixe já de pensar neste assunto.

Ritual para incrementar a força e a resistência física

Durante a noite anterior à realização de qualquer atividade que requeira muita resistência física, como, por exemplo, correr uma maratona, acenda uma vela branca e outra vermelha. Concentre-se na chama da vela vermelha e sinta como sua energia enche seu corpo de força e resistência. Depois enfoque sua atenção na vela branca e sinta como o poder da chama faz com que a calma invada sua mente. No dia seguinte, durante o evento atlético, relembre do que as chamas fizeram-no sentir e você manterá a calma, a concentração e a resistência. Rituais deste tipo aumentam os resultados, mas naturalmente nunca poderão substituir o treinamento físico adequado.

Para lograr uma aproximação do ser querido

Se deseja conseguir uma maior aproximação do seu amor, deverá por um quartzo rosado num copo transparente com água e deixá-lo repousar à luz da lua cheia ou quarto crescente, durante algumas horas. A seguir, esvazie a metade da água num prato fundo e deixe a outra metade no copo. Coloque uma vela de cor azul pálida num prato e acenda-a. Ponha diante da vela algumas fotografias tuas com a pessoa amada e num papel branco escreva os seus nomes entrelaçados dentro de um coração. Depois molhe o papel com a água do prato e faça uma prece manifestando seu desejo de aproximação. A seguir beba a água do copo e deixe a vela acesa até que a água do prato a apague.

Para as mulheres que desejem conhecer algum traço de quem será o homem da sua vida

Para conhecer algo do seu futuro amor, deverá guardar a cera que se escorre das velas que tenha utilizado para outros misteres como iluminação, rituais ou petições mágicas e derretê-la num recipiente. Quando estiver totalmente líquida, despeje-a num prato com água fria. Ao solidificar-se formará um desenho irrepetível. Acenda uma vela amarela e sente-se diante desta forma com calma e com a mente em branco. A seguir faça 3 respirações profundas e olhe a referida forma sem pensar em nada, até se for capaz, desfocando a vista. Deixe voar a imaginação livremente e observe a figura de cera como faz quando procura desenhos nas nuvens. Logo alguma forma reconhecível surgirá diante de si.

É possível que seja a forma de um objeto totalmente estranho ou insuspeito. Não obstante esta forma lhe revelará algo relativo a o seu futuro amor. Um marinheiro pode a aparecer representado por uma âncora, um pescador por um peixe, ou um empregado de banco por um maço de cédulas. Este feitiço não levará seu futuro amor a té a porta da sua casa, mas pode dar-lhe sim, algumas pistas que no seu momento, ser-lhe-á de muita utilidade, pois, podem ajudá-la a discernir entre uma pessoa e outra. Para terminar, apague a vela e faça uma oração de agradecimento, qualquer que tenha sido o resultado do experimento.

Consulta seu superior sobre algum problema

Para este ritual terá necessidade dos seguintes objetos: um lápis, uma folha de papel, uma vela branca, um acendedor, um pratinho metálico e um espelho. Sente-se num lugar tranquilo, onde não venha a ser interrompido por ninguém. Ponha o espelho sobre uma mesa ou móvel, de maneira que possa observar seu rosto nele. Acenda a vela e coloque-a entre si e o espelho e observe a chama durante alguns minutos com a mente em calma. Visualize sua própria imagem através da chama e observe como pouco a pouco vai envelhecendo; reconheça-se a si mesmo nessa imagem, que é o seu Eu superior. Faça-lhe a pergunta que já tem preparada, a respeito do problema que o preocupa e escute com atenção. A resposta lhe chegará através da sua consciência. Recebe o sábio conselho espiritual e escreve sua promessa de seguir as recomendações recebidas. Depois queime o papel com a chama da vela, enquanto faz uma oração. Permita que o papel se consuma totalmente e depois ofereça as cinzas ao vento do sul.

Para lograr uma ascensão

Para efetuar este ritual são necessárias 3 velas de diferentes alturas. A mais longa será de cor vermelha, a mediana, amarela e a menor branca. Anote em 3 papéis diferentes seu nome completo e ponha um papel em baixo de cada vela. Numa mesa, organize todos os elementos, colocando as velas da seguinte forma: a vermelha no extremo esquerdo a amarela no centro e à direita da branca. Disperse ao redor das velas um punhado de arroz. A seguir acenda a vela branca e diga em voa alta:

"Só peço que se me conceda o que mereço. Júpiter, recompensa-me por meus esforços."

Acenda a vela amarela e repita:

"Que a confiança seja depositada em minha pessoa."

Em seguida acenda a última vela e deixe as 3 arderem durante 7 minutos. Apague-as sem soprar, afogando a chama com um recipiente ou com o apagador. Repita este ritual durante todos os dias até que se consuma por completo a vela branca. A promoção não tardará a chegar.

Para receber uma declaração

Se deseja que a pessoa eleita se lhe declare, convida-a para jantar. Acenda um incenso de almíscar antes que chegue e perfuma o ambiente com algumas gotas da essência preferida roçando as cortinas da sala de jantar. Durante a ocasião, ilumine a casa com 2 velas de cor rosa passadas previamente por açúcar e colocadas em 2 candelabros. No fundo do candelabro, insira um papel onde tenha escrito

seu nome e o do convidado. Primeiro escreva o nome da outra pessoa e encima escreva o seu. Enquanto estiverem jantando, as velas têm que arder. A pessoa amada se renderá diante dos seus encantos. O dia mais indicado para realizar este encontro será a sexta-feira. Não compre comida pronta. Cozinhe você, ainda que seja um prato muito simples. Cozinhe o que melhor saiba fazer, mas faça-o com amor!

Para ter abundância de dinheiro

Preste atenção a qualquer cédula que chegue às suas mãos. Se nalgum momento encontrar uma cuja numeração seja capícua a deusa Fortuna o terá tocado com a varinha mágica. Deixe esta cédula durante 3 dias e 3 noites dentro de um objeto dourado. Pode ser uma prenda, um lenço, uma caixa etc. No domingo seguinte ponha-a debaixo de um pratinho sobre a qual colocará uma vela amarela, laranja ou dourada.

Acenda-a e deixe que se queime totalmente. A seguir guarde a cédula na sua carteira e não a gaste por motivo algum. Logo começará a notar que a sua economia melhora. Se tiver de gastá-la, evite que seja em medicamentos, alimentos ou qualquer artigo de primeira necessidade. Trate de usá-la para comprar um presente, uma planta, um elemento decorativo ou para pagar uma viagem. Desta forma, prolongará durante mais tempo seu efeito mágico.

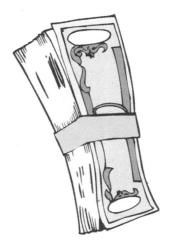

Ritual mágico para reconquistar um amor perdido

Velas a serem utilizadas: uma amarela, uma branca e uma rosa. Também uma imagem de Santo Antônio. Momento e frequência do ritual: uma vez por semana, com a mudança de lua. Oração:

> "Ò, espíritos do fogo, do ar, da terra e da água! Dai-me vossas qualidades mais delicadas para fazer que, (nome da pessoa que se deseja reconquistar) volte a amar-me. Que assim seja."

Repita-o 3 vezes.

Para vencer a timidez no amor

Usará uma vela vermelha, uma rosada e uma branca com essência de jasmim. Caso não disponha dela as perfumará externamente com a referida essência. Irá usá-las na sexta feira à noite de cada semana, até lograr o propósito desejado. Deverá repetir 10 vezes a seguinte oração:

> "Desejo amar e ser amado/a sem travas nem limitações. Desejo soltar-me e deixar-me levar pela paixão do amor."

Ritual para incrementar as vendas nos negócios

As velas mais apropriadas são as de canela, as douradas, verdes ou as de ouro e prata.

É necessário ungi-las com essência de canela e embaixo colocar-lhes um imã.

Outro ritual para o amor

Escreva de cima para baixo seu nome e da esquerda para a direita o nome do seu parceiro, de maneira que se forme uma cruz pela metade do escrito, ficando cruzados o nome do seu parceiro e o seu nome. Noutro ponto da vela escreva: *"Graças, Pai"*, como se o Ser Superior já lhe houvesse concedido a petição. Se não tem parceiro escreva; *"meu parceiro ideal"*.

A parte superior da vela será ungida com canela em pó e a parte de baixo com mel de abelhas. Além do mais, espargirás essência de rosas ou de jasmim. O dia adequado é sexta-feira.

Ritual para ajudar alguém a sair da depressão

A colaboração das pessoas que rodeiam o enfermo é muito importante para ajudar a que desapareça uma depressão, dando-lhe ânimo e transmitindo-lhe energia e boas vibrações a fim de ajudá-lo a lutar contra esta atitude mental e emocional negativa. Além desta ajuda direta que é fundamental, pode colaborar desde sua casa para pedir sua cura, mediante o envio de uma energia muito especial, com a magia das velas. A tarde, na hora em que começa a anoitecer, durante 6 dias, deve acender uma vela de cor amarela em que deverá ter escrito, com a ajuda de uma punção ou algum tipo de furador, de forma que fique marcado sobre a cera, o nome da pessoa pela qual é feito o ritual (neste caso o nome da pessoa enferma ou deprimida). Ao acender a vela, pegue-a com a mão direita, feche os olhos e pense com todas as suas forças nessa pessoa a quem está querendo ajudar. Estenda sua mão e seu braço esquerdo em posição de quem pede, enquanto faz com

a vela, 6 círculos com a vela para diante, á sua frente com a mão direita, repetindo mentalmente em cada círculo que faça:

> Minha vontade é que a alegria e a felicidade voltem a brilhar na mente!

A seguir deixe a vela sobre o candelabro ou palmatória para que se consuma até o fim. Este ritual admite muitas variantes. Pode também visualizar a luz da vela aumentada extraordinariamente e iluminando a pessoa deprimida, enquanto realiza mentalmente a petição.

Ritual para a noite de São João

A finalidade deste ritual é aumentar as energias positivas no amor, no trabalho, no dinheiro e na saúde. Para realizar necessita-se de um ovo, de um pedaço de papel branco, quanto menor, melhor, uma vela de cor rosa ou branca e claro, uma fogueira de São João. No pedacinho de papel escreve-se a petição, pondo os nomes das pessoas a que se destina. É importante que ninguém o leia. Faz-se na casca do ovo um furo por onde se introduz o papel enrolado como um pergaminho e a seguir acende-se a vela e com a sua cera tampa-se perfuração, vertendo a cera no ovo que tem que ficar hermeticamente fechado. Em seguida deixa-se a vela acesa até que se consuma totalmente e com o ovo na mão caminha-se até onde haja uma fogueira de São João acesa, nela atirando o ovo.

Para atrair uma pessoa amada

Acenda a vela já preparada, não com um fósforo, mas com um papel branco imaculado onde terá escrito o seguinte:

"Vem a mim (nome da pessoa se a conhece, senão, concentre-se com força na sua imagem) apaixonado e indefeso em corpo e mente, que te enamores de mim até a morte, que te lembres de mim a todo o momento, que seja meu amor eterno, que não te afastem do meu lado e que me digas já (dizer o próprio nome) quero-te, que esta vela ilumine teus sonhos e que sejas meu amor ainda que te impeçam ventos, magias, raios ou trovões."

Com muito cuidado para não se queimar, acenderá a vela com este papel, enrolado como um pergaminho.

Ritual efetivo para conseguir rápido algum dinheiro

Este ritual é usado em casos de emergência, quando se necessita conseguir rapidamente dinheiro.

Necessita-se de 3 velas de 2 cores (amarelo - marrom), 150gr. de açúcar, 7 moedas douradas de uso corrente, uma estampa de Santo Onofre, 3 flores de cor amarela e uma cruz pequena de madeira que não tenha suporte de metal.

Num papel branco escreva com tinta dourada a petição que deseja. Ponha logo o papel sobre uma mesa recoberta por uma toalha da cor branca ou amarela. Situe num prato de louça branco, as 3 velas em forma de triângulo, colocando a primeira no que deve ser o vértice superior e continuando com as outras 2 no sentido dos ponteiros do relógio. Lembre-se sempre de acendê-las no prato, utilizando fósforos de madeira.

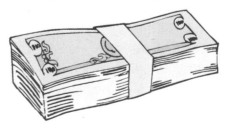

Continuando, agregue o açúcar da seguinte forma: em primeiro lugar rodeie com açúcar a base da primeira vela que foi colocada e continue em idêntica ordem em que as foi colocando. O resto do açúcar coloque-o no centro do prato. A seguir disperse as moedas de forma aleatória sobre o açúcar. Coloque o prato sobre o papel escrito. À esquerda do prato ponha a imagem de Santo Onofre num vaso de flores onde foram colocadas 3 flores amarelas e diante disto disponha a cruz.

A seguir acenda as 3 velas (sempre seguindo a mesma ordem indicada) e proceda com muita concentração a rezar a oração da estampa. Quando as velas se tiverem consumido na sua totalidade, desfaça-se do restante delas, do papel escrito e do açúcar, atirando-os a uma corrente d`água (pode ser rio, mar ou arroio).

Deixe as flores no principal espaço da casa e utilize as moedas para adquirir alimentos (preferencialmente pão). A estampa e a cruz guarde-as para quando voltarem a ser necessárias.

Ritual para atrair dinheiro com imã

Este ritual deverá ser realizado na primeira noite de lua cheia. Necessitará de 2 velas ouradas ou amarelas, um imã e várias moedas douradas. Acenda as 2 velas e entre ambas situe o imã. Enquanto as velas vão-se consumindo, vá aproximando as moedas do imã de tal maneira que fiquem aderidas a ele. Ponha tantas moedas quantas lhe for possível. Uma vez consumidas as velas, guarde as moedas num frasquinho de vidro e o ímã noutro frasco, preferivelmente com a mesma forma do anterior. Repita a operação na última noite de lua cheia e volte a guardar tanto o novo imã utilizado como as moedas.

Ritual para a recuperação rápida de um enfermo

Necessitará de uma vela grande, das que duram 7 dias e 7 noites de cor verde, 7 folhas de arruda, 7 grãos de milho colorido. Um punhado de arroz. Mel. 7 varinhas de incenso e uma vela verde. Num papel branco sem linhas, escreva 7 vezes o nome da pessoa que está doente. Perfure a base da vela. Dentro, coloque o papel escrito, as 7 folhas de arruda, os 7 grãos de milho, o punhado de arroz e o mel. Com a vela verde deverá selar a base da grande vela, até cobrir totalmente a perfuração. Acenda a vela maior que deverá permanecer acesa, rodeada pelas 7 varinhas de incenso. Realize 7 vezes a petição de que melhore o enfermo e no final agradeça 7 vezes.

Para limpar um negócio

Quando se começa um negócio ou se quer limpar um local de vibrações ou energias negativas que possam existir devido a atividades anteriores, pode-se realizar o seguinte ritual tradicional. Os materiais a serem utilizados são: álcool puro; 1 recipiente de barro; 2 colheres de sopa de alecrim triturado; 3 colheres de sopa de mirra; 2 colheres de sopa de arruda triturada; 7 rosas secas; 2 colheres de sopa de flores de violeta secas; 1 vela vermelha. Coloque todas as ervas no recipiente de barro e misture-as bem. Sobre esta mistura vegetal, despeje uma moderada quantidade de álcool puro. Coloque, à direita do recipiente, a vela vermelha. Deverá situar-se olhando para o norte. A vela deverá ficar à sua direita e o recipiente à sua esquerda. Com um fósforo de madeira, acenderá com a mão direita o preparado de ervas álcool e a seguir a vela. Enquanto a mistura e a vela estão ardendo, recitará com grande concentração mental, a seguinte prece:

Que o Senhor abençoes este lugar.

Que o Senhor guarde este local (ou então dirá o nome do negócio).

Que o Senhor se compadeça dos que habitam e trabalham neste local.

Que o Senhor traga prosperidade a este local.

Que com a ajuda de São Judas Tadeu, protetor misericordioso.

Dentro destas paredes nunca jamais entre nem habite o mal.

Amém.

A seguir fará o Sinal da Cruz 4 vezes, cada uma delas olhando para um ponto cardeal diferente.

Uma vez finalizado o ritual, deixará o lugar fechado por um período mínimo de 12 horas para que as forças positivas do rito destruam a negatividade que possa existir.

Uma vez transcorrido o referido lapso, abrirá todas as portas e janelas para que entre ar puro. Tanto as ervas como as quantidades a serem utilizadas, devem ser exatamente as mencionadas. A concentração e a mentalização na hora da prece deve ser a mesma. Este ritual não deve ser realizado mais do que 2 vezes num mesmo mês.

Para preservar um amor

Este ritual deve ser realizado na primeira noite de lua cheia. Os materiais a serem utilizados são: 1 vela branca; 1 vela vermelha; 1vela azul; 1 varinha de incenso com aroma de ópio. Quando a lua estiver bem visível, acenderá as 3 velas dispostas em forma de triângulo e a seguir a varinha com aroma de ópio. Continuando, recitará a seguinte oração:

Os Destinos amáveis abençoaram minha casa.

Os Destinos amáveis abençoaram minha casa.

Os Destinos amáveis têm junto a mim a minha amada ou meu amado.

Eu dou-lhes graças com o coração humilde.

Eu agradeço à Deusa do Amor, a minha vida.
Eu agradeço à Deusa do Amor, meu amor.
Eu agradeço à Deusa do Amor suas contínuas bênçãos, e humildemente peço que siga favorecendo minha felicidade.
Que assim seja.

Feitiço para unir um casal

Quando devemos unir um parceiro discorde pode-se apelar ao seguinte rito.

Materiais empregados: 2 velas de cor vermelha; 1 vela de cor amarela; 1 foto de cada um dos integrantes da parceria; 1 varinha de aroma de incenso; 1 pedaço de papel de alumínio (um pouco maior do que o tamanho das fotos); 1 pedaço de tecido de algodão de cor vermelha (um pouco maior do que o tamanho das fotos).

Numa sexta-feira, quando a lua se encontrar na sua fase de quarto crescente, se deverá escrever atrás da foto de cada um dos membros do casal, os nomes invertidos (quer dizer, na foto pertencente ao homem, escrever o nome da mulher e vice-versa).

Com um objeto pontiagudo, escreva na vela de cor amarela o nome de ambos. A seguir disponha as velas em forma de triângulo, sobre uma mesa que deverá estar coberta com uma toalha de cor branca. Ponha as 2 fotos juntas, frente a frente e envolva-as inicialmente com o papel de alumínio e a seguir com a toalha. Coloque o envoltório dentro do triângulo formado pelas velas. A seguir, acenda-as, começando pela amarela e continuando no sentido dos ponteiros do relógio, concentrando-se durante um período aproximado de 45

minutos, no desejo de unir-se a este parceiro. A seguir acenda a varinha de incenso. Passado o referido tempo, apague as velas. Deixe o altar assim disposto e repita a operação durante 6 dias mais (quer dizer, no total serão 7 dias). Nos 6 dias restantes deixe as velas acesas num período aproximado de 30 minutos. No último dia deverá deixar que as velas se consumam na sua totalidade. Ao concluir, deve colocar-se o envoltório em baixo da almofada ou do colchão.

Feitiço para lograr riqueza

Para lograr riqueza e prosperidade durante um ano, tomará uma espiga de milho com folhas e porá um bilhete entre as folhas e os grãos, junto com um papel em que deverá escrever o seguinte:

> *"deusa da fortuna, o dinheiro é como os grãos de milho que crescem em toda a terra. Espargi alguns destes grãos aqui (ponha seu domicílio), dou-lhe graças."*

Assine a nota e ponha junto ao bilhete. Amarre com um cinto verde e coloque-o sobre a porta de entrada da sua casa com um cordão verde. A seguir acenderá a vela amarela e deixará que se consuma totalmente. No dia seguinte acenderá um carvãozinho e queimará qualquer erva aromática cujas flores sejam amarelas, espargindo sua fumaça por toda a casa, desde o fundo até a porta de entrada. Deverá renovar este feitiço a cada ano.

Para potencializar o amor do seu parceiro

Coloque num saquinho de tecido natural, canela, segurelha, e eucalipto, junto com uma casca de laranja. Acenda uma vela vermelha em que terá escrito o nome do seu parceiro; coloque um objeto de prata diante da vela e recite o seguinte conjuro:

> *"Agradeço ao universo o amor que já tenho e para não o perder, agora peço um reforço."*

Fá-lo-á numa sexta-feira. Se puder, deixe que a vela se consuma totalmente.

Para conseguir emprego

Prepare um altar com 3 velas amarelas ungidas com essência de sândalo. Coloque as 3 em forma de triângulo, com o vértice para o norte terrestre. Acenda-as e reze o seguinte:

> *"Que o poder do Pai, o poder do Filho e o poder do Espírito Santo, me concedam o trabalho que desejo e mereço. Que assim seja."*

A seguir repita 3 vezes qualquer oração da sua preferência e agradeça. Deixe que as velas se consumam totalmente.

Para lograr o pagamento das dívidas

Coloque uma vela amarela à direita, uma verde à sua frente e uma branca, à esquerda, as 3 formando assim um triângulo escreva em cada vela o nome do credor da metade para cima. E o nome do devedor, da metade para baixo. Também deverá escrever em alguma parte da vela as seguintes expressões: *"Conforme a ordem divina."* Para o que se conceda não resulte num carma negativo. E *"Graças, Pai"*, porque se deve agradecer sempre antes de que possamos receber o benefício. Reze 3 orações da sua preferência diante das 3 velas acesas e peça mentalmente a Deus que de algum modo, ajude para que essas dívidas sejam canceladas.

VI

O Silêncio

O mundo mantém-se pelo segredo
(El Zohar)

Guardar silêncio é um costume mágico tradicional que ajuda a proteger a energia que pusemos em nossos feitiços. Um antigo provérbio esotérico ensina que *"o poder compartilhado é o poder perdido."* Guardar-nos nossos objetivos mágicos para nós mesmos, permite-nos centrar nossa energia e atenção

Neles e não em fazer alarde dos êxitos que esperamos ter. O fato de falar da sua magia, ainda que seja de maneira informal, pode dificultar seu trabalho enormemente, inclusive se a pessoa que ouve não tem nenhum interesse para que fracasse. Assim, pelo seu próprio bem, guarde silêncio.

VII

Apêndices

Apêndice I

A Távola Esmeralda

A Távola Esmeralda é um trecho atribuído ao legendário Hermes Trimegisto, que todos os grandes magos e alquimistas consideraram como o fundamento teórico da sua arte. Conforme os textos árabes que narram a descoberta da Távola, o descobridor penetrou numa câmara de uma pirâmide do Egito e ali encontrou uma estátua (a de Hermes) em que estava escrito:

"Aquele que quiser conhecer os segredos da criação e da natureza, que olhe sob meus pés."

Ninguém foi capaz de encontrar, nem entender nada até que um sábio decifrou o enigma e pode ler a famosa Távola Esmeralda, revivendo assim o que estava enterrado. Este é o texto da Távola:

É verdade, sem falsidade, certa e muito verdadeira: o que está abaixo é como o que está acima, e o que está acima é como o que está abaixo, para realizar o milagre da Coisa Única. E assim como as coisas provieram do Uno, por mediação do Uno, assim todas as coisas nasceram desta Única Coisa, por adaptação. Seu pai é o Sol, sua mãe, a Lua, o Vento o levou em seu ventre, a Terra foi sua nutriz. O Pai de toda a Perfeição de todo o Mundo está aqui. Sua força permanecerá íntegra ainda que fora vertida na terra. Separarás a Terra do Fogo, o sutil do grosseiro, suavemente, com muito engenho. Ascenda da Terra ao Céu, e de novo desce à Terra, e recebe a força das coisas superiores e das inferiores. Assim lograrás a glória do Mundo inteiro. Então toda escuridão fugirá de ti. Aqui está a força forte de toda fortaleza, porque vencerá a todo o sutil e em todo o sólido penetrará. Assim foi criado o Mundo. Haverá aqui admiráveis adaptações, cujo modo é o que se disse. Por isto fui chamado Hermes Três vezes Grande, possuidor das 3 partes da filosofia de todo o Mundo. Completa-se assim o que tinha que dizer da obra do Sol.

Apêndice II

Regras para a magia

Por Alice A. Bailey (Tratado sobre o fogo cósmico)

Regra n°1: O Anjo Solar recolhe-se em si mesmo, não dissipa a sua força, senão que em profunda meditação comunica-se com seu reflexo.

Regra n° 2: Quando a sombra responder, o trabalho prossegue em profunda meditação. A luz inferior é projetada para cima; a luz superior ilumina os 3 e o trabalho dos 4 prossegue.

Regra n° 3: A energia circula. O ponto de luz, produto do labor dos 4 cresce e aumenta. Miríades reúnem-se em torno do seu calor resplandecente, até que reduza sua luz e seu fogo diminua. Depois será emitido o segundo toque.

Regra n° 4: O som, a luz, a vibração e a forma misturam-se entre si e fusionam-se e assim o trabalho é uno. Prossegue de acordo com a lei e nada pode impedir que o trabalho avance. O homem respira profundamente. Concentra suas forças e arroja de si a forma mental.

Regra n° 5: Três coisas preocupam o Anjo Solar antes que a envoltura criada desça: a condição das águas, a segurança daquele que assim cria e a constante contemplação. Deste modo estão aliados para o triplo serviço, o coração, a garganta e o olho.

146 | O Poder Mágico das Velas

Regra n°6: Quando o olho se abre, os devas dos 4 inferiores sentem a força, são expulsos e perdem seu amo. Regra n° 7. As forças dualistas são visíveis no plano onde deve descobrir-se o poder vital; os 2 caminhos enfrentam o Anjo Solar; os pólos vibram. Aquele que medita deve fazer uma escolha.

Regra n° 8: Os Agnisurias respondem ao som. O fluxo e o refluxo das águas. Que o mago cuide de não se afogar no ponto onde se unem a terra e a água. O ponto médio, que não é seco nem úmido, deve proporcionar o lugar onde ele assenta seus pés. Onde se unem a água, a terra e o ar, esse é o lugar em que deve fazer-se o trabalho mágico.

Regra n° 9: Depois sobrevém a condensação. O fogo e as águas encontram-se; a forma dilata-se e cresce. Que o mago localize sua forma no caminho apropriado.

Regra n° 10: Á medida em que as águas banham a forma criada, estas são absorvidas e utilizadas. A forma acrescenta a sua força; que o mago continue até que seu trabalho seja suficiente. Que os construtores externos cessem seu trabalho e os construtores internos iniciem seu ciclo.

Regra n° 11: Aquele que trabalha com a lei, tem agora que levar a cabo 3 coisas. Primeiramente, descobrir a fórmula que confine as vidas dentro da muralha esferoidal; a seguir, pronunciar as palavras que expressem a essas vidas o que devem fazer e para onde levar o que foi feito; finalmente pronunciar a frase mística que o salvaguardará do seu trabalho.

Regra n° 12: A trama palpita. Constrói-se e dilata. Que o mago se apodere do ponto médio a fim de liberar a esses "prisioneiros do planeta" cuja nota está correta e exatamente afinada com aquilo que deve ser feito.

Regra n° 13: O mago deve reconhecer os 4; observar em seu trabalho, o tom violeta que evidenciam e assim construir a sombra. Quando isto ocorre, a sombra reveste-se a si mesma e os 4 convertem-se em 7.

Regra nº14: O som aumenta. Acerca-se a hora do perigo para a alma valorosa. As águas não danificaram o criador branco e nada pode afogá-lo, nem o molhar. Agora aumenta o perigo do fogo e das chamas, não obstante se observe tenuamente a fumaça que se eleva. Que ele, após o ciclo de paz, acuda novamente ao Anjo Solar.

Regra nº 15: Os fogos acercam-se da sombra, não obstante, não a queimam. A envoltura do fogo terminou de construir. Que o mago entone as palavras que fusionem o fogo e a água.

Apêndice III

Sobre a magia

Por Manly P. Hall

Magia é a arte de operar com as forças invisíveis da natureza. Mago é aquele que é capaz de prestidigitar os 4 elementos dos corpos.

Mago branco é aquele que trabalha a fim de adquirir confiança, diante dos poderes já existentes e comprovar pela pureza da sua vida e a sinceridade dos seus motivos, que se lhe pode confiar o grande segredo.

Mago negro é aquele que busca obter domínio sobre os poderes espirituais, mais pela força do que pelo mérito. Em outras palavras: é aquele que trata de tomar por assalto os portais do céu. Em outras palavras: é aquele que trata de tomar por assalto os portais do céu, que anda atrás do poder espiritual e do domínio oculto com intenções inconfessáveis.

Magia negra é o uso dos poderes espirituais para satisfazer inclinações animais ou egoístas.

Magia branca é o uso correto, objetivo e consciente dos poderes espirituais. Constantemente devemos examinar e vigiar nossa vida diária, porque nunca ninguém está em lugar seguro. Quanto maior for o poder e a luz de que se dispõe, maiores serão as tentações para abusar deles ou de empregá-los para fins egoístas.

Também se deve saber que quanto maior for o conhecimento, tanto maior será o castigo por abusar dele. O pecado que é perdoável na criança, é imperdoável no homem. A finalidade que se propõe é a chave para o problema da magia. Ainda o maior dos magos brancos poderia transformar-se num degenerado, se seus motivos, por apenas um instante, fossem indignos.

O mago branco está a serviço da humanidade; o mago negro apenas aspira a servir-se a si próprio. A escuridão que foi a causa da imersão da Atlântida, quando o homem escravizou os espíritos dos elementos e obrigou-os a cumprir seus mandatos, perdura, todavia.

A magia negra da Idade Média com suas feitiçarias e orgias não morreu; tão somente variou sua forma, como outras formas se modificam, na constante da natureza. Encarnou em nossa época com toda sua fúria e todo o seu poder e está carcomendo, como ontem, o coração mesmo da nossa civilização e se continuar assim, terminará por derrubar e aniquilar nossa raça. Todos os ocultistas sabem que a fonte da Vitalidade no universo é única e que é a emanação do Logos universal. Este poder único apenas produz diversidade ao chegar no nível dos mundos mais densos, em que vai degradando de acordo com seus graus próprios de frequência vibratória. Ambos os magos, o branco e o negro, extraem sua força da mesma grande corrente que flui eternamente desde o centro do Ser-Causa e difunde-se ao longo de raios de circunferência.

A diferença entre a magia branca e a magia negra tem raiz na força utilizada, que é sempre um poder divino, senão na maneira como é obtida e como é utilizada. Não experimentem. No terreno do espírito, a mera experiência é, a miúdo, fatal e muitos são os estudantes que foram parar prematuramente na tumba ou nos asilos de enfermos mentais, ou que ficaram obstinados durante seus indevidos ensaios.

Apartai-vos do fenomenalismo; para o verdadeiro estudante nada há nele de valoroso. O estudante sincero não busca a salvação pelos olhos, mas através da sua alma. O fenomenalismo não requer a participação do aspecto superior do ser, senão que ao máximo, apenas serve para satisfazer a curiosidade. Hoje, como ontem, raras vezes se pedirá a salvação da alma, enquanto que o usual seja que se reclame pela realização de "milagres". Nunca terão experimentado a sensação de que alguém a quem encontraram tenha algo de maligno? Já sentiram uma estranha repulsa por alguém? Devem-se tais impressões aos elementais e às formas mentais que povoam a aura da pessoa em questão; se sua intenção não é pura, ao introduzi-los no campo da magia, vocês atrairão as referidas entidades que lhe irão aderir-se como sanguessugas.

Apêndice IV

Considerações gerais sobre a magia

Por Vicente Beltran Anglada

Como vimos oportunamente, os veículos inferiores do ser humano, quer dizer, a mente concreta, o veículo emocional e o corpo físico, são alguns compostos moleculares de energia, que provêm dos diversos sub-planos, dos 3 planos inferiores do sistema solar. Nosso trabalho mágico deve iniciar-se aqui, pois todas estas energias são agrupamentos de devas com diferentes vibrações que se sentem atraídas ao centro da consciência corporal correspondente pela lei da atração magnética ou da afinidade química, pois não se há de esquecer de que todos os veículos, seja qual for a sua sutileza, são moleculares e que extraem seus componentes atômicos do grande oceano das energias surgidas das infinitas e indescritíveis profundidades do Espaço.

Não poderíamos ir muito longe em nosso estudo da magia organizada, quer se realize através do homem, de um planeta ou de um sistema solar, sem que se leve em conta a realidade Espaço, como conteúdo de todos os elementos necessários para qualquer tipo de criação, desde a mais sutil até a mais densa.

A densidade ou a sutileza dos elementos segregados por entidades dévicas que interferem no nobre exercício da magia, dependerá logicamente da qualidade evocativa do mago e dos fins que persegue em suas invocações. Nos Ashrams da Hierarquia ensina-se de forma prática, a arte ou a ciência da magia. Primeiramente iremos mostrar aos discípulos, através de um eventual desenvolvimento da clarividência, os distintos tipos de devas que constituem o infinito centro de luz chamado, ocultamente, Akasa e é o Manto que recobre a indescritível pureza do Espaço. Utilizando esta sutil visão nos mundos ocultos, o discípulo aprende a diferenciar perfeitamente os devas inferiores ou lunares dos devas superiores ou solares. Reconhece e identifica-os pela cor característica das suas auras magnéticas, que costuma dar uma noção segura e insuspeita do nível de onde procedem e da qualidade do éter que utilizam em suas atividades.

As cores resplandecentes, sutis e de indizível beleza e transparência, informam imediatamente sobre os devas habitantes dos subplanos superiores de cada plano; pelo contrário, a visão dos devas cujas cores identificáveis sejam densas, opacas ou obscuras, indicam claramente que aqueles devas procedem dos níveis inferiores. Cada um destes grupamentos dévicos, subdivididos em várias hierarquias, possuem logicamente uma sensibilidade apropriada aos mantras ou vozes evocadoras que se elevam consciente ou inconscientemente do mundo dos homens, da singular esfera dos "aprendizes de mago".

Os mantras mediante os quais são invocados os devas superiores, devem ser muito diferentes dos que atraem a atenção dos devas inferiores. A sutileza, a ordem musical, a pureza de intenção e a carência de mobiles egoístas constituem a essência dos mantras superiores. O som musical eleva-se velozmente no espaço e cria no seu entorno, um núcleo de devas que responde às intenções do mago e que as acompanha docilmente, realizando o trabalho que aquele mantra sugere ou lhes ordena. Pode dizer-se o mesmo a respeito dos mantras utilizados por aqueles outros magos, cujas intenções e ideias são diametralmente diferentes e cujo poder evocativo atrai forças dévicas opostas ao desenvolvimento evolutivo da criação. Esses mantras ou sons evocativos, são broncos, ásperos e rudes, já que hão de atrair a atenção de devas pouco evoluídos e de natureza muito primária, que secundam cegamente os móbiles e a intenções dos magos negros, egoístas e carentes de princípios éticos ou morais. Referimo-nos aqui, naturalmente, a seres humanos que realizam a magia evocativa de maneira consciente; sejam quais forem seus motivos ocultos, egoístas ou altruístas, no sentido do bem ou no sentido do mal.

Os seres humanos comuns, que frequentemente não tem a mais remota idéia do que é a magia, utilizam-na, entretanto, em todas e em cada uma das suas expressões psicológicas, quando pensam, quando sentem, quando falam. Afortunadamente e para o bem do conjunto da raça, suas expressões mentais são muito débeis e não tem o poder suficiente para evocar os devas ígneos do plano mental, que exigem um pensamento claro e potentemente organizado para sentirem-se impelidos a secundar as decisões mentais do mago, o pensador.

Pelo contrário, os desejos humanos são, no geral, tão intensos, densos e prementes que os níveis astrais que lhes correspondem, estão praticamente transbordantes daquelas legiões dévicas, que na sua totalidade, constituem o desejo em todas as suas expressões. Quando este desejo é muito intenso no homem e no corpo físico, possui um duplo etéreo potentemente organizado, temos diante de nós aquela expressão mágica, tecnicamente descrita como magia sexual. Esta magia costuma ser de caráter inconsciente na maior parte dos casos, mas às vezes a utiliza o mago negro para dominar suas vítimas, as quais facilmente conduz por sendas de degradação, de envilecimento e de negação completa das faculdades superiores do espírito.

Examinando o ser humano através da faculdade da clarividência, se lhe vê submetido às limitações próprias do seu estado evolutivo, as quais determinam por irradiação magnética, os acúmulos de entidades dévicas que constituem os seus ambientes individuais, familiares e sociais. Relaciona-se sobretudo, com 2 grupamentos dévicos: os etéreos físicos e os astrais, ambos subdivididos em várias hierarquias ou graus de evolução. Os devas etéreos, mais em contato com o ser humano, pertencem à hierarquia dos Agnischaitas, denominados esotericamente, *"Devas da Sétima Ordem."*

Destes existem numerosa classes e espécies. Os mais esplendentes e mais sutilmente qualificados constroem os veículos etéreos dos Adeptos e Iniciados na encarnação física, assim como o do próprio Sanat Kumara, O Senhor do Mundo, que se expressa fisicamente por meio de uma forma indescritivelmente radiante, construída com substância etérea da mais acrisolada sutileza. Outros devas da sétima ordem constroem os veículos etéreos dos seres humanos em múltiplos estados de evolução.

Os corpos dos animais e das formas vegetais, nas suas múltiplas espécies e gradações, são construídos também por agrupamentos dévicos desta ordem dos Agnischaitas e todas as formas físicas da natureza, ainda as chamadas inertes, possuem uma áurea etérea ou campo magnético criado pelas hierarquias inferiores de tais tipos de devas.

O corpo físico, denso de qualquer entidade espiritual manifestada é na realidade, uma concreção ou consubstanciação da energia etérea e foi construído assim mesmo, por incríveis legiões de vidas dévicas, pertencentes à grande família dos Agnischaitas. Assim, quando se observa o corpo físico do homem a partir do ângulo da clarividência, se lhe observa constituído por diversos tipos de substância vibratória, densa e etérea. Do mesmo modo que sucede com os 7 estados de matéria componentes do plano físico, o corpo físico do homem é heptagonal na sua expressão e contém todos os elementos substanciais gerados e gentilmente oferecidos pelos devas Agnischaitas.

A obra mais densa corresponde naturalmente aos devas etéreos que trabalham e manipulam a substância sólida, líquida e gasosa do plano físico. A tais devas se lhes define ocultamente como elementos construtores e existem distintas gradações dentro de uma mesma família ou espécie. Poderíamos dizer que em cada uma das 7 gradações que compõem a totalidade dos Agnischaitas, ou devas da sétima ordem, há os que trabalham nos níveis superiores de cada espécie e outros que do mesmo modo, pertencem a níveis inferiores.

Não obstante, cada qual ocupa seu lugar e realiza o trabalho que lhe foi encomendado por seus Guias superiores e trata de fazê-lo da melhor maneira possível, pois, da qualidade e efetividade do seu trabalho, depende sua própria e necessária evolução, como também ocorre no mundo dos homens. A sétima gradação dévica dos devas da sétima ordem, é logicamente a mais próxima do mundo físico, objetivo e a algumas das suas hostes se lhes costuma denominar *"espíritos da natureza"*. Possuem formas muito diversas e variadas.

O protótipo, não obstante, proporciona-lhe aqueles diminutos elementais chamados comumente *"gnomos"* ou anõezinhos dos bosques, os quais, na sua incrível variedade, enchem de formas a vida da natureza, desde o átomo físico do hidrogênio, base da estrutura química do universo, até as mais belas e resplandecentes pedras preciosas.

158 | O Poder Mágico das Velas

Cada gnomo conhece perfeitamente a sua missão e realiza-a de acordo com as instruções que lhes vêm facilitadas por métodos que escapam da nossa percepção, por meio dos seus Guias dévicos superiores, seguindo linhas de trabalho, realmente maravilhosas. Por isso que sua obra criativa, salvo muito raras exceções, pode ser considerada perfeita.

Não se trata naturalmente da perfeição de um modelo ou arquétipo, senão das inumeráveis e incríveis fases de um trabalho particular que contribui para a perfeição de um arquétipo. Este arquétipo, quer seja de uma flor, de um pássaro ou de uma pedra preciosa, vem a representar a culminância de um trabalho de equipe ou de grupo, cujas fases ou etapas estão encomendadas a diversas e bem qualificadas hierarquias de espíritos da terra.

Temos também os diminutos espíritos das águas, ocultamente chamados ondinas, cujo trabalho se realiza no interior de toda expressão aquosa na vida da natureza. Ali, onde se encontre presente o elemento água, quer seja em qualquer arroio, no mais caudaloso rio ou na imensidão dos oceanos, encontrar-se-á sempre a causa vital de tal elemento, a prodigiosa multiplicidade das pequenas ondinas ou dos gigantescos netunos. A missão destes espíritos aquosos é manter o planeta terra com o suficiente grau de umidade que permita *"refrescar o ardor das suas profundas entranhas inflamadas"* (Livro dos Iniciados), fazendo referência ao fogo de Kundalini , cuja ardente e terrível expressão é o resultado de um infinito acúmulo de poderosos Agnis ou Espíritos do Fogo, cuja missão é manter o calor central da terra, mediante o qual são vitalizados todos os corpos vivos do planeta, seja qual for seu grau de evolução.

O Fogo, como elemento vitalizador, existe em distintas hierarquias ou intensidades e os espíritos etéreos que o integram ou qualificam, cumprem perfeitamente a missão que desde níveis superiores lhes é exigida, estando presentes, portanto, em toda expressão ígnea na vida da natureza, desde o pequeno fogo de uma vela, até o mais pavoroso incêndio e as terríveis erupções vulcânicas.

Os espíritos doar são denominados silfos ou sílfides e dentro do seu ingente e maravilhoso grupo, contam-se os Senhores do Vento que dirigem e controlam toda expressão de ar na vida do planeta, desde a mais tênue brisa até o mais potente furacão, desde a atmosfera que respiramos até os gases mais nocivos que se gestam nas mais profundas entranhas da terra. São os devas mais sutis em ordem na densidade etérea e costumam ser os aliados do mago quando invoca às *"forças o Espaço"* para produzir certos fenômenos ambientais, pois tais devas, em suas múltiplas e variadas hierarquias, constituem um dos aspectos planetários daquela rara substância e maravilhosa energia a que denominamos *"Eletricidade. "*

O mago trabalha geralmente com uma energia elétrica, mais sutil do que a conhecida, que invoca das profundidades do espaço, mediante a concentração e a meditação pronunciando os mantras adequados. A eletricidade extraída do espaço é fogo, ainda que muito distinto daquele que se consome nos lares ou do que surge e emana das entranhas místicas do planeta, sob o nome de Kundalini, que mantém viva a chama da vida física da terra.

A eletricidade ou o *"fogo do espaço"* é a energia mais potente e mais sutil que desenvolve ou manipula o Senhor do mundo, na evolução do planeta e é a energia que o mago branco evoca para produzir os resultados de luz que hão de enriquecer o mundo social dos homens. Mediante sua hábil utilização pode evocar-se o fogo de Kundalini, elevando-o até as regiões espirituais do seu próprio ser e purificando com sua ascensão todo o complexo molecular dos seus corpos expressivos e por sua vez, pelos espaços intermoleculares dos mesmos, clarificam o corpo etéreo e redimem a substância que o compõe. Tudo na natureza se alia e se completa.

Os devas, seja qual for sua graduação e sua espécie, trabalham em uníssono.

Os elementos constitutivos da terra, da água, do ar e do fogo são peças fundamentais na criação do universo. O fator comum que os integra e os unifica é o éter, a substância primordial da criação.

Os devas ou espíritos elementais, que ao se manifestarem no plano físico, denso, criam a matéria sólida, líquida e gasosa e vivem no seio dos elementos, são nossos colaboradores imediatos na aprendizagem da arte mágica da criação. Eles nos facilitam os materiais necessários e ajudam-nos a qualquer momento, se formos capazes de invocá-los corretamente... O mago utiliza todas essas hierarquias dévicas da natureza que constroem os elementos vitais do mundo físico, operando magicamente sobre eles e atraindo o favor e a amizade dos devas superiores que são seus guias e governantes, mediante retidão de conduta e sábias invocações. Lei da natureza é sempre de "ação coordenada" e a amizade entre os grandes reinos é a base angular onde se apoia o soberbo edifício da magia organizada. Cada grupo dévico, seja qual for sua espécie ou hierarquia ou o elemento que integra e dentro do qual realiza sua evolução, está controlado e dirigido internamente, tal como dissemos nas páginas anteriores, por devas mais evoluídos.

Cada um destes devas reúne ao seu redor um determinado grupo de elementais construtores, enfocando através deles, determinados propósitos e atividades. Assim vemos que o silfo de categoria dévica superior, controla e dirige seu próprio grupo de pequenos silfos, que um Agni do fogo mantém sob seu governo e controle, um grupo específico de salamandras, que uma ondina evoluída governa a si mesma e um grupo mais ou menos numeroso de pequenas ondinas e que um deva da terra dirige as atividades de um numeroso grupo de espíritos da terra ou gnomos, incitando-os à construção das formas mais densas da natureza.

Temos assim, na base dos elementos conhecidos, 4 ordens de entidades dévicas, as quais mantêm sob controle e dirigindo com incompreensível maestria, a ingente quantidade de elementais construtores. Dentro de cada uma, destas ordens estabelecidas, há uma profusão de hostes e hierarquias que operam sob os impulsos de um poder dévico central, cuja consciência abarca a extensão ou o "círculo-não-se passa" do plano físico. A este poder central ou a este deva superior que abarca todas as hostes e hierarquias dévicas do plano físico, chama-se ocultamente, Senhor Kshiti (Yama) e conforme se nos foi dito ocultamente, é o Arcanjo regente do plano físico, em sua totalidade, o Construtor, o sustentáculo e o organizador de todas as formas existentes na vida física da natureza, desenhadas pelo Logos planetário, de acordo com padrões ou arquétipos provenientes das esferas superioras do esquema.

O plano físico planetário, que se expressa dentro do plano físico solar, está dividido em 7 subplanos, cada um dos quais se encontra sob a regência de um anjo ou devas de grande evolução, ainda que dependente sempre do poder central do Mahadeva Kishiti.. De acordo com sua particular evolução e a obra que hão de levar a cabo em seu particular e respectivo subplano, a estes devas, costuma-se chamar-se lhes, os grandes arquitetos do mundo físico. Atuando sobre uma quantidade prodigiosa de devas de todas as hierarquias, estes grandes anjos controlam a energia, tecnicamente definida como substanciação. Assim, por um incompreensível sistema de compressão do éter, uma idéia seguramente muito difícil de captar, substancia ou condensa a energia elétrica. Mais sutil e creiam, aquele composto material mediante que serão construídas todas as formas existentes, desde as mais sutis na ordem etérea, até as mais densas, como sejam as que evolucionam no reino mineral. Nosso corpo físico, que foi calcado e projetado desde os níveis etéreos correspondentes ao nosso grau de evolução, é o recipiente de todo tipo de energias, mentais, astrais e etéreas.

Mais além destes 3 níveis não foi formado, todavia um núcleo criador capaz de aglutinar substância búdica. Para a maioria dos seres humanos, o corpo causal formado pelas energias abstratas do plano mental, não foi, todavia, completado. Por este motivo, as energias que atuam mais além do nível mental concreto só são acessíveis aos seres humanos muito evoluídos. Assim, ao referi-nos aos devas que constituem os planos superiores do sistema solar, fá-lo-emos num sentido meramente descritivo ou informativo e apenas como um estímulo espiritual aos aspirantes.

Poderíamos dizer, portanto, que a magia, como poder criativo, opera de acordo com a evolução espiritual do mago ou do discípulo e no diz respeito ao ser humano, suas atividades mágicas tem lugar, preferencialmente, nos 3 níveis inferiores da manifestação: no físico, no astral e no mental concreto. Quer isto significar que além do domínio e controle dos devas do plano físico, ou de certa categoria de Agnischaitas, deverá controlar também certos grupos de devas dos planos astral e mental para terminar com êxito sua aprendizagem na difícil arte da criação.

Os devas da sexta ordem, chamados ocultamente, Agni-suryas, são os mais potentes nesta curta ronda, devido, tal como esotericamente se sabe, à quase completa polarização astral da humanidade, à intensidade e desenfreamento dos seus desejos

Considerações gerais sobre a magia | 163

e sensações e à importância consignada às sua idéias instintivas. Estes devas estão também divididos em 7 vastas hierarquias e cada um destes 7 níveis está governado por um anjo Agnisurya de grande evolução, que por sua vez depende do poder onipotente central do grande Mahadeva, Senhor Varuna, chamado ocultamente de *"Senhor das Águas"*, que é o regente do plano astral do sistema na sua totalidade.

Do mesmo modo que sucede com o inteiro processo da magia, os níveis superiores do plano astral são utilizados preferencial-mente pelos magos brancos, cooperando com as forças do Bem e os inferiores e mais densos constituem a zona de atividade dos magos negros que em tais níveis, desenvolvem tanto ou mais poder que os magos brancos, já que estes, por sua própria condição e natureza, desdenham, às vezes, das descidas até estas zonas para desenvolverem sua obra mágica.

Os devas da quinta ordem, ou devas Agnisvattas, são os mais poderosos e qualificados, com os quais é possível estabelecer contato e receber inspiração espiritual com o homem muito evoluído dos nossos dias. Para os seres humanos comuns, estes devas constituem, todavia, uma "zona proibida e inviolável. " Unicamente os devas inferiores desta hierarquia dévica da quinta ordem lhes são mais ou menos acessíveis e à mercê deles, lhes é possível pensar, raciocinar ou recordar, pois tais devas constituem o fogo mental que anima todas e cada uma das suas criações mentais, seus pensamentos e propósitos.

Quando analisamos ocultamente o conhecido axioma esotérico "a energia acompanha o pensamento", vemos que o homem pensa e que ao fazê-lo invoca do espaço estas energias dévicas que lhe permitem concretizar e objetivar seus pensamentos e atividades mentais. Em todas as sua hostes e hierarquias, os devas Agnisvattas constituem a energia ígnea do pensamento, assim como o fogo que dinamiza a vontade do pensador. Daí a importância que tem para o mago branco, estabelecer contato consciente com estas forças ígneas do espaço, já que seu fogo energiza todas as operações mágicas do seu pensamento e permite-lhe controlar os devas inferiores de todos os níveis, astral, etéreo e físico denso.

O mago negro utiliza também para levar a cabo certas operações mágicas para a estirpe inferior dos devas Agnisvattas. Através deles lhes é possível controlar e subjugar o pensamento dos seres humanos, não suficientemente evoluídos e obter domínio sobre seus ambientes e circunstâncias, entorpecendo assim, tal como é seu propósito, os planos e projetos dos agentes do bem planetário.

Afortunadamente, para a humanidade, a magia operativa dos magos negros só pode alcançar os níveis inferiores dos seres humanos, fomentando ali os germes da discórdia, do ódio e da ambição, mas devido ao egoísmo e à sordidez dos seus móbiles, lhes é impossível aceder aos níveis superiores do plano mental, onde atuam os potentes Agnis que infundem vitalidade a todas as forças da natureza e às atividades mais elevadas e sublimes dos homens.

O mago negro apenas pode estabelecer contato consciente com os níveis quinto, sexto e sétimo do plano mental, os quais estão muito estreitamente vinculados com idênticos subplanos do plano astral. Daí que seu poder, nesta quarta ronda, seja tão potente, todavia, devido à intensa e quase completa polarização astral dos seres humanos, o que influi nos desastrosos efeitos registrados na vida social e comunitária da humanidade.

O exercício da magia exige o inteligente governo das forças internas. Tanto o mago branco como o mago negro caracteri-zam-se pela força de vontade que imprimem às suas decisões, mas tal como tivemos interesse em assinalar estas afirmações em diversas fases do nosso estudo prático da magia, o conhecimento oculto das regras e condições exigidas, somente se centralizará no Bem e no apoio decidido aos planos e projetos da Grande Fraternidade Branca do planeta. Estabelecemos claramente os 2 tipos de magia.

Esperamos agora, depois de haver definido as 3 principais ordens de devas que operam nos espaços etéreos planetários, que o aspirante ou o discípulo consagrado estudará conveniente mente as forças dévicas com as quais e pela ordem da particular evolução decidiu colaborar de acordo com o sagrado anelo do bem que surge do mais profundo do coração e é o verdadeiro recurso e a única chave da magia organizada em nosso mundo.

Conheça outros livros da Editora Isis

Conheça outros livros da Editora Isis

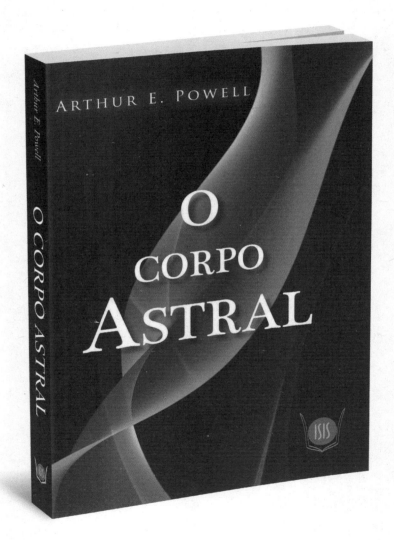